検察庁「定年延長」法案への見解

黒川弘務《ひろむ》検事長の本心に迫る

JN087736

Ryuho Okawa
大川隆法

まえがき

四十年余り前には、同じ大学の、同じ学部の、同じクラスの友人・知人であった人が、大手新聞の複数の社説で名指しで批判されていたら、多くの人々はどのように感じるだろうか。

「出世した税金さ。」という人もいるだろう。

「権力の番犬になり下がるとは何事か。」と憤《いきどお》る人もあろう。

「自分とは別世界の人さ。」と言う人もあろう。

私自身は、自制《じせい》して黙っていた。

しかし、日本の未来の分岐点《ぶんきてん》にさしかかって来たと思うので、少しでも彼の人柄や、人生観の一端《いったん》を情報として、世間に公開してもよいかなと感じるようになった。

黒川弘務氏は、男としては立派な人である。人をバカにすることはなく、人間としての深みがある。検事の本懐《ほんかい》を、彼は忘れることはあるまい。

二〇二〇年　五月十八日

幸福《こうふく》の科学《かがく》グループ創始者兼総裁《そうししゃけんそうさい》　大川隆法《おおかわりゅうほう》

黒川弘務検事長の本心に迫る　目次

まえがき　3

黒川弘務《くろかわひろむ》検事長の本心に迫《せま》る

――検察庁「定年延長」法案への見解――

二〇二〇年五月十六日　収録
幸福の科学 特別説法堂《せっぽうどう》にて

1　黒川弘務検事長の守護霊霊言《しゅごれいれいげん》収録に当たって　19
「ちょっと話したいことがある」と訪《おとず》れた黒川弘務検事長の守護霊　19
定年延長問題をめぐるさまざまな疑惑《ぎわく》　21
黒川氏の問題を通じて、マスコミが本当に掘《ほ》り起こしたいこと　23

東京大学法学部の同期生だった黒川氏　26
黒川弘務・東京高検検事長の守護霊を招霊《しょうれい》し、その本心に迫る　28

2　騒動《そうどう》の渦中《かちゅう》にある心境を語る　30
今日は、第三者の意見を聞きたくて来た　30
定年なので辞《や》めてもいいが、「男の意地」がある　33
玉砕《ぎょくさい》するなら、「言うべきこと」は言ってから玉砕するつもり　36
「官邸《かんてい》の番犬《ばんけん》」「腹黒川《はらくろかわ》」などの揶揄《やゆ》に不満を示す　38
最後は〝噴火《ふんか》〟して刺《さ》し違《ちが》えることも、ないとは言えない　41

3　自分たち検察をどう見ているか　45
検察ＯＢの意見には嫉妬《しっと》もあるのでは　45
「検察ほど、民主主義的でない組織はない」　47

「検察が動くと不況《ふきょう》が来る」 49

4 カルロス・ゴーン氏の逮捕劇《たいほげき》の真相 52

事前に〝政府のお墨付《すみつ》き〟を取っていたはず 52
ゴーン氏の逮捕は、「刑事《けいじ》事件」ではなく「ガス抜《ぬ》き」 55
ゴーン氏の逮捕で、外国の富裕《ふゆう》層は日本に住まなくなるだろう 56
検察官は、現場が長くなると〝近視眼的になる〟ところがある 59

5 「森友《もりとも》学園」「加計《かけ》学園」「桜を見る会」問題について 62

財務省は〝兵糧攻《ひょうろうぜ》め〟をしてくるので、なかなか逮捕できない 62
黒川検事長守護霊は、「森友学園」問題をどう見ているのか 64
政治では、事件になると誰《だれ》かが「腹切り」をしなくてはいけない 68
「桜を見る会」は、はっきり言えば政治家の〝買収行為《こうい》〟 69

「桜を見る会」でも「夫人は私人」と言い切った首相をどう見るか　72
「河井《かわい》前法相夫妻の事件」については、官邸と〝綱引《つなひ》き〟をしている最中　73
今、安倍《あべ》政権に対して、世論《せろん》が収まるかどうかを見極《みきわ》めている　75
先輩《せんぱい》検事や野党に対して言っておきたいこと　77
黒川検事長守護霊から見た、安倍総理の一側面　78
検察は、人のクビを取れる〝日本刀〟のようなものを持っている　80

6 安倍政権への評価　83

黒川検事長守護霊は「安倍政権」をどう見ているか　83
ホリエモンや村上《むらかみ》ファンドは、なぜ見せしめになったのか　85
〝黒川検事総長〟なら、安倍政権の「全体主義的傾向《けいこう》」にどう臨《のぞ》むか　88
「上」のほうでは、個別のことまでは考えていない　90
政治家は、「政敵の悪い噂《うわさ》」を常に収集している　92

法律を生み出す政治家は〝神の立場〟？　94
定年延長は「生涯現役社会《しょうがいげんえき》」のトレンド　97
政治家は「検察」と「国税」を嫌《いや》がっている　100
日銀総裁を逮捕する可能性もある　101
長期政権を維持《いじ》する安倍総理への嫉妬が、今回の事件の背景に　104

7　幸福の科学との縁《えん》　108
「大学時代に大川隆法総裁から影響《えいきょう》を受けた」　108
「幸福の科学総裁の印象」を語る　110
幸福の科学は世界に対して影響を与《あた》えている　113

8　検察官としての本懐《ほんかい》　117
「自分の正義感に触《ふ》れた場合、許さないものは許さない」　117

「小池百合子《こいけゆりこ》の総理は、安倍よりも悪いかもしれない」 119
選挙期間以外には〝公然買収〟が行われている 122
「法をねじ曲げてでも悪政はさせない」という意地はある 125
政府はマスコミに攻撃《こうげき》させて、幸福の科学の強靱《きょうじん》性を見ている 128
習近平《しゅうきんぺい》氏や金正恩《キムジョンウン》氏への批判は、日本の総理大臣でも言えない 133
創価学会《そうかがっかい》と〝東西の横綱〟を分け合うところまで来た幸福の科学 135
「今は安倍体制を維持したほうがいい」と思っている理由 138

9 霊言収録を終えて

142

〈付録〉黒川弘務検事長守護霊の霊言

二〇二〇年五月十六日　収録
幸福の科学 特別説法堂にて

1　霊言収録を希望して現れた黒川弘務検事長の守護霊　149
「弁明したいけれども、記者会見が開けない」　149
なぜ今、検察官の「定年延長」をしようとするのか　153
霊言収録や記者会見をしたとして、伝えたいこととは　158

2　検察庁「定年延長」問題への本音　164
黒川検事長の守護霊は安倍首相をどう見ているか　164

この時期の公務員の定年延長は、国民からは不評だろう　170
安倍総理が失脚《しっきゃく》すると、小池都知事が総理になる可能性がある　173
検察においては、元法務大臣を逮捕するのは大変なこと　175
検察がマスコミに襲《おそ》いかかられて取材されるのは、前例がない　177

3　検察官としての考え方を語る　182

韓国《かんこく》では根深い問題となっている「検察改革」　182
法治主義を知らない内閣の危険性　185
連休明けに、JRの名誉《めいよ》会長が取締役《とりしまりやく》を退任した理由とは　189
「懺悔《ざんげ》するから、どうすべきかを答えてくれ」という気持ち　191
安倍首相のところまで家宅捜索《そうさく》をする可能性は　193

4　政治家の〝狸《たぬき》・狐学《きつねがく》〟を語る　198

政権は、幸福の科学がどう出るかを見ている？　198
なぜ、東京や大阪《おおさか》で「緊急《きんきゅう》事態宣言」が解除されないのか　202
安倍首相を裏から操《あやつ》っている人物とは　206
今、黒川検事長が辞任できない理由　210
次々と潰《つぶ》されていく安倍首相の後継者《こうけいしゃ》候補たち　213
このままでは、日本は独裁者を出していく国になる？　216

5　幸福の科学をどう見ているか　220
幸福の科学からの〝逆襲《ぎゃくしゅう》の本〟は抑止力《よくしりょく》になっている　220
「大川隆法総裁の判断には、与党《よとう》も野党も注目している」　223
「『政治の悪』に対しては対決する」という態度は持つべき　226
「大川隆法総裁の意見を聞いてみたい」というのが本音　228

あとがき　232

「霊言現象《れいげん》」とは、あの世の霊存在の言葉を語り下ろす現象のことをいう。これは高度な悟《さと》りを開いた者に特有のものであり、「霊媒現象《れいばい》」（トランス状態になって意識を失い、霊が一方的にしゃべる現象）とは異なる。

また、人間の魂《たましい》は原則として六人のグループからなり、あの世に残っている「魂のきょうだい」の一人が守護霊《しゅごれい》を務めている。つまり、守護霊は、実は自分自身の魂の一部である。したがって、「守護霊の霊言」とは、いわば本人の潜在《せんざい》意識にアクセスしたものであり、その内容は、その人が潜在意識で考えていること（本心）と考えてよい。

なお、「霊言」は、あくまでも霊人《れいじん》の意見であり、幸福の科学グループとしての見解と矛盾《むじゅん》する内容を含《ふく》む場合がある点、付記しておきたい。

黒川弘務《くろかわひろむ》検事長の本心に迫《せま》る

――検察庁「定年延長」法案への見解――

二〇二〇年五月十六日　収録
幸福の科学　特別説法堂《せっぽうどう》にて

黒川弘務《くろかわひろむ》（一九五七〜）

検察官。東京都出身。東京大学法学部卒。一九八三年、検事任官。東京、新潟《にいがた》、名古屋《なごや》、青森等の各地方検察庁勤務のほか、法務省の要職を経《へ》て、二〇一一年より、政治家との接点が多い法務省大臣官房長《かんぼうちょう》、法務事務次官を歴任。二〇一九年、東京高検検事長に就任し、二〇二〇年二月に定年を迎《むか》える予定だったが、安倍《あべ》内閣が「検察庁の業務遂行《すいこう》上の必要性」を理由に、定年を半年延長する閣議決定をした。

質問者

藤井幹久《ふじいもとひさ》（幸福の科学理事 兼《けん》 宗務《しゅうむ》本部特命担当国際政治局長）

釈量子《しゃくりょうこ》（幸福実現党党首）

小林早賢《こばやしそうけん》（幸福の科学常務理事 兼 総合誌編集局長 兼「ザ・リバティ」編集長）

［質問順。役職は収録時点のもの］

1　黒川弘務《くろかわひろむ》検事長の守護霊霊言《しゅごれいれいげん》収録に当たって

「ちょっと話したいことがある」と訪《おとず》れた黒川弘務検事長の守護霊

大川隆法　お忙《いそが》しいところをご苦労様です。

予定にはなかったことなのですけれども、今、新聞やテレビ等を騒《さわ》がせている黒《くろ》川弘務《かわひろむ》・東京高検検事長の守護霊《しゅごれい》が、二回目だったのですが、今日（二〇二〇年五月十六日）の午後に来まして、「ちょっと話したいことがある」というようなことを打診《だしん》してきました。

事前に紫央《しお》総裁補佐《ほさ》と四十数分ほど話していて、かなりオフレコの感じでしゃべったので、そうとう本心が出てしまったかもしれません（本書〈付録〉参照）。

新聞各紙を読むと、社説等では「本心が聞きたい」とか「検察官の本懐《ほんかい》を聞きた

●新聞やテレビ等……　国家公務員法改正案と併せ、検察官の定年延長を可能にする検察庁法の改正案が提出されたことに対し、「安倍政権に近いといわれる黒川検事長を続投させることで、モリカケ問題や『桜を見る会』問題等への追及をかわす意図があるのではないか」などと各所から批判が噴出。本収録後の5月18日現在、今国会での同法案の成立は見送られる方向で調整されている。

い」とかいうことで、いろいろと挑発《ちょうはつ》してきています。新聞社もテレビ局もインタビューをしたいでしょうし、国会でもしたいぐらいでしょうが、たぶん、周《まわ》りからは「出るな」と言われているだろうと思います。

幸福の科学としては、いろいろと考えてみても、あまりメリットがなく、この人の守護霊霊言《れいげん》をやってもそれほどいいこともなかろうという気持ちもあって、私も、二月ごろから、チャンスがあってもずっとしなかったということではあるのです。

一週間ぐらい前に彼の守護霊が来たときに、「霊言を収録しようか」と言ったら、「いや、いいよ。やらないほうがいいよ。おまえに迷惑《めいわく》がかかるから」というようなことを二回ほど言われたので、「まあ、そうかなあ」と思いました。

ほかの指導霊に訊《き》いてみても、例えば、松下幸之助《まつしたこうのすけ》先生などは、「エリートなんやろう？　エリートなんだったら、自分で自分のけりぐらいつけろよ」と一言《ひとこと》言っていたので、おっしゃるとおりかもしれないなと思いました。「進退は自分で考えたらいいじゃないか。われらみたいな無学の徒とは違《ちが》うんだから、自分で考えられるだろうが」というように言われていたので、「まあ、そうかなあ」と思ったのです。

そういうことで、守護霊本人も「したい」とは言わなかったので、しないでおいたわけですが、この一週間、報道等も、まただいぶ盛り上がってきています。

定年延長問題をめぐるさまざまな疑惑《ぎわく》

大川隆法　また、国会等での追及《ついきゅう》やマスコミの追及、それから元検事、元検事総長などの検事のＯＢたちからも、「現検事総長も東京高検検事長と一緒に辞《や》めるべきだ」などと言われていて、検察のなかでも意見はたぶん割れているのではないかと思います。

その概要《がいよう》の説明はやや難しいかもしれませんが、前回、今年の二月に定年である六十三歳《さい》になったときに、定年延長をする理由の説明としては、カルロス・ゴーン氏が逃亡《とうぼう》したりしていたので、「引き続き重要案件をフォローするため」などということだった気がします。もっとも、レバノンまで行って逮捕《たいほ》できるわけでもなかろうから、それは取り繕《つくろ》われた言葉でしょうけれども、「本音はほかのところにあるのではないか」と、国民はみな疑っているのだろうと思います。

その後、彼がどのような評価を受けているかについて、私自身はあまりよく知らなかったのですが、今は幸福の科学についてわりあい好意的に書いてくれることが多い「日刊ゲンダイ」等で知った言葉によれば、〝官邸《かんてい》のゲッベルス〟〝腹黒川《はらくろかわ》〟〝官邸の番犬《ばんけん》〟だとか、そういう言葉がけっこう躍《おど》っていて、面白《おもしろ》がってだいぶ攻《せ》めているような感じには見えましたので、本人は若干《じゃっかん》、不本意だと思っているかもしれません。

私のほうは、検察内部での彼の仕事がどうであったかについて、客観的に判定するだけの資料を持っていないので、よくは分かりません。異動した記録だけは分かりますが、早いうちから「検事総長候補」と言われていたようではあります。

ただ、検察としての対応の問題は非常に難しいものがあります。今、河井《かわい》前法務大臣とその奥《おく》さんの問題を追及していますので、これだけでも、検察としてはけっこう〝重い〟と思うのです。直前の法務大臣なので、黒川氏にとってはいちおう元上司に

● 〝官邸のゲッベルス〟…… 一部マスコミ報道等で、ヒットラーを補佐したナチスの宣伝相ゲッベルスを菅義偉官房長官《すがよしひでかんぼうちょうかん》に、親衛隊ヒムラーを警察庁幹部になぞらえて使われることが多いように、黒川氏に対してもナチス幹部類似の表現をされることがあった。

当たるかと思います。「三権分立」とはいっても、実は、検察自体は「行政」なのです。行政の一員であるため、検察官の長《ちょう》は法務大臣、そして総理大臣が上にいることになっていて、いちおう「役人」ではあるのです。

ですから、裁判官とは違う扱《あつか》いを受けていますし、国会議員とも違う扱いではあります。ただ、そのあたりのところは、一般《いっぱん》の人はちょっと分からないので、「三権分立に反するのではないか」など、いろいろな意見もあろうかとは思います。

いずれにせよ、黒川氏は検事総長になってもおかしくない人であったのだろうとは思っています。

黒川氏の問題を通じて、マスコミが本当に掘《ほ》り起こしたいこと

大川隆法　おそらく、マスコミが掘《ほ》り起こしたいこととしては、ゴーン氏のことなど、本当はどうでもよく、「森友《もりとも》問題」や「桜を見る会」等のほうではないでしょうか。

以前の森友学園事件ではいったん逃《に》げ切ったように見えるけれども、安倍《あべ》首相や奥

さん等の関与《かんよ》はなかったのかどうか。検察が動かなかったために逃げ切ったのではないか。

また、「桜を見る会」の事件もだいぶ長くやられたけれども、このあたりも〝検察封《ふう》じ〟をしたために、生き延びることができたのではないか。

そして、「新型コロナ問題が起きて、コロナ対策で陣頭《じんとう》指揮を執《と》っているように見せているうちに、風化できるのではないか。この人を置いておいて、定年を延長して検事総長にすれば追及されずに済むのではないか」という〝盾《たて》代わり〟に使っているのではないか。そういった疑いだろうと思うのです。

本人としても、本当は多少なりとも意見を言うべきなのかもしれないとは思っていたとしても、検察官は取り調べには慣れていても、取り調べられるほうには慣れていないので、周囲はみな「出してくれない」というか、「出るべきではない」という意見なのではないでしょうか。

ただ、行政の一部に入っていながら、総理大臣や各大臣、あるいは、他の官僚《かんりょう》等の不正に対しても介入《かいにゅう》でき、逮捕したり起訴《きそ》したりする権限を持っているので、やや特《とく》殊《しゅ》な存在ではあろうと思います。

国家公務員の定年年齢《ねんれい》を同時に六十五歳まで引き上げるなどして、検事と共に六十五歳まで引き上げることになり、「彼一人のことですべての定年が引き上げられることになって、ほかの公務員も得をしたからよかったではないか」という考えもあるかもしれません。

しかし、一方では、「財政赤字の問題」や「去年の消費税増税」もあり、さらに「コロナショックによる経営危機」で、百年に一回ぐらいの大きな経済恐慌《きょうこう》が来るかもしれない段階に入っていて、例えば、レナウンなどの上場企業《きぎょう》も民事再生法の申請《しんせい》をしているような状況《じょうきょう》であり、そうした問題も、これからが大きくなっていくところだと思います。

そういう事態のときに、では、彼の部分を隠《かく》すために、すべてを「定年上げ」にして分からないように見せるやり方がよいのかどうか。本当の狙《ねら》い、本心はほかにあるのではないか。別の人を立てたら、官邸の犯罪を暴《あば》かれたりするようなことがあると思っているのではないか。

おそらく、このあたりのことが、本当は「最大の疑惑《ぎわく》」ではあるでしょう。

東京大学法学部の同期生だった黒川氏

大川隆法　私としては、彼とは大学時代の同級生、同期であり、ドイツ語のクラスで一緒《いっしょ》でしたし、専門学部も同じだったので、友人か知人のなかに入る人ではあります。そのため、なるべく黙《だま》っていようと、ずっと我慢《がまん》してはいたのです。私の言葉で何か火がついたりすると申し訳ないと思うところもあります。

ただ、事件が国家的な関心事になってきたので、「幸福の科学が一言《ひとこと》言わないのはおかしいなあ」と、人々が思うぐらいの感じになってきたかと思います。

また、「首相の善悪の問題」まで入ってきています。そして、「検察という組織のあり方の問題」もあるでしょう。さらに、「国家として国民から税金をもらって運営している段階で、国民に対して誠実なのかどうか」という論点もありますので、判断としては、もう一段難しいものも入っているかと思います。

そこで、細《こま》かいところまで追及はできないかもしれませんが、弁明できない彼に代わりまして、「どういう人なのか」「どういう考え方を持っていて、どういう人柄《ひとがら》の人なのか」ということぐらいは、お伝えできるのではないかと考えています。

「もし、彼がそのまま辞めずに粘《ねば》り切って検事総長になり、安倍政権がもう少し延命できるか、安倍首相の息のかかったような人が後を継《つ》げることで、そのほうが政治もよくなるのであれば、まあ、それでも悪くはない」と思っていますし、「法律的におかしいというようなことで強制的に退陣に追い込《こ》み、次の政権がもっとひどいものになるのであれば、あまりやっても得はないかもしれないが、マスコミや民意ならしかたないか」という、その両方の気持ちを持ってはいます。

人柄については、話をすればすぐに分かってくるとは思いますので、事前にはあまり申し上げません。おそらく、検事になる人としては、ビジネスマンやサービス的なところでも仕事ができるような人柄であり、「柔軟性《じゅうなん》」と「包容力」のある人であるのではないでしょうか。そのあたりが、政治の側から見れば、やりやすいという感じを受けていたのではないかと思います。

黒川弘務・東京高検検事長の守護霊を招霊《しょうれい》し、その本心に迫《せま》る

大川隆法　今日はできるだけ「本心」に迫《せま》りたいと思います。検察としても、「そんなことができるのか」という思いはありつつも、「遠隔《えんかく》での取り調べができるなら便利だろう」と考えるかもしれません。

もっとも、私は、外国の大統領や首相等の本心をリーディングして、発表したりもしていますので、「外国のトップのリーディングができるのに、日本人であり、実は大学時代の同級生だった人の現在の心境を私が読めない」などということは、理論的にはありえないことです。

「それをどのように表現し、どの程度のあたりで調整するか」「『そのあと、結果と

してどうなりそうなのか』を読んで言うか」というようなことはあるかと思いますが、守護霊が〝自爆《じばく》〟をするか、それとも国会答弁風にすべて上手に切り抜《ぬ》けるかといったことについては分かりません。

いずれにしても、潜在《せんざい》意識にアプローチをかけますので、「本音」は出てくるであろうと思います。事前にあまり話すと先入観が入りますので、もうこのあたりにして、行きましょう。

それでは、今、検察官としては異例に国民的関心を集めておられる黒川弘務・東京高検検事長の守護霊をお呼びいたしまして、幸福の科学という宗教の場ではありますけれども、司法とはまた違った面で善悪等を考えている場にはなると思います。

どうぞ、黒川検事長の守護霊よ。当会に降りたまいて、そのご本心を忌憚《きたん》なくお語りください。よろしくお願いします。

（約五秒間の沈黙《ちんもく》）

2 騒動《そうどう》の渦中《かちゅう》にある心境を語る

今日は、第三者の意見を聞きたくて来た

黒川弘務守護霊　このたびは、いろいろと……。

藤井　はい、こんにちは。

黒川弘務守護霊　ご心配をかけまして、申し訳ございません。

藤井　黒川弘務さん（守護霊）でいらっしゃいますか。

黒川弘務守護霊　はい、そうです。

藤井　今、世間《せけん》では、「検察庁法改正に反対する」ということが、非常に大きな話題になっています。

黒川弘務守護霊　ああ、そうですねえ。

藤井　今日は、注目される渦中《かちゅう》の方として、ご本心を語っていただけるのかなと思います。

黒川弘務守護霊　いやあ、検察官というのは、「言論の自由」がなくてね（笑）、本当に。〝人を取り調べる自由〟はあるんだけど、「言論の自由」はないし、取り調べも、今、証拠《しょうこ》を残さなきゃいけなくなってねえ。映像を残したり、テープを残したりしていますので、なかなか自由に言えなくなってきてはいるんですけどねえ。

ああ、〝お白洲《しらす》〟ですか、私が。

藤井　いえ、「先ほども、来られていた」とお伺《うかが》いしていますけれども（本書〈付録〉参照）。

黒川弘務守護霊　ああ、まあ、それはそうです。

藤井　「記者会見を開きたいという心境なんだ」ということですので。

黒川弘務守護霊　だけど、そのときは最後ですよね。辞表を持って臨《のぞ》まなきゃいけないので。

まあ、その前にちょっと、いちおうご相談というか、「どう思う?」っていう第三者的意見を少し聞いてみようかなと思って、今日……。この前は、「しない」って言ったんだけど、いちおう判断を迫《せま》られているのでね。判断を一日一日と迫られてきているので、「どのくらいまで持ち堪《こた》えられるか」という。

黙《だま》っているのは、もう大変ですね。いやあ、実際、こういう立場になると、「黙秘《もくひ》権があります」とか言っても、「黙秘する」っていうのもけっこう大変だね、これは。いやあ、本当に（笑）。

定年なので辞《や》めてもいいが、「男の意地」がある

藤井　一官僚《かんりょう》の立場というよりも、何と言いますか、マスコミの……。

黒川弘務守護霊　餌食《えじき》だよな。

藤井　注目の人物ということで。

黒川弘務守護霊　餌食だよ（笑）。

藤井　ツイッターなどでは、五百万件以上で「反対、反対」ということです。

黒川弘務守護霊　ああ、そうなんですよ。見たことがないような。

藤井　芸能人まで反対しているという話にまでなっています。

黒川弘務守護霊　芸能人は関係ないだろうと思うんだがなあ（笑）。

藤井　ただ、今、世間からのプレッシャーで、率直《そっちょく》にお困りなのかなと思います。

黒川弘務守護霊　それは、そうでしょうなあ。

藤井　先ほどお伺いした内容としては、ご本人としては、例えば、三つぐらい選択肢《せんたくし》があり……。

黒川弘務守護霊　もう聞いてきたの？　あらららららら。

藤井　辞任するか、あるいは、官邸《かんてい》への捜査《そうさ》をやる方向に行くか。そのどちらでもなければ、もう自殺でもしたいような気持ちだと。

黒川弘務守護霊　奥《おく》さん（大川紫央《しお》総裁補佐《ほさ》）が厳しくて。ここの奥さん、厳しくてねえ、ついつい〝自白〟させられて、いろいろしゃべってしまったんで。まあ、ちょっと、「フォーマルには、まずいことも言ってしまったかなあ」とは思っているんだけどねえ。

藤井　そういう意味で、たいへんお困りなお気持ちではあるのかなと思いますので。

黒川弘務守護霊　いや、本当は定年と言やあ定年だから、もう辞《や》めたっていいんだけどね。いいんだけど、なんか「男の意地」があるからさあ。今辞めたら、自分一人が、なんか欲があって、居座《いすわ》りたくて、偉《えら》くなりたくて粘《ねば》っていたように見えるだけだから。ちょっと、それは、一言《ひとこと》ぐらいは言っておきたいことも、まあ、ないわけではないなあ。

玉砕《ぎょくさい》するなら、「言うべきこと」は言ってから玉砕するつもり

藤井　ご本人の気持ちとしては、率直にどうでしょうか。事実上、検事総長含《ふく》みでの話となっているわけですが、検事総長になるおつもりがあるのでしょうか。マスコミ報道では、「自分からなりたいと言ったことはない」というようなものも出てはおりますけれども。

黒川弘務守護霊　いやあ、「出世しすぎている」と、自分では思っているよ。

あのさあ、（東京大学での）クラスが「51LⅠⅡ9B」って言うんだけど。五十一年……、五十一年って昭和ですね。五十一年の九組のBって、まあ、ドイツ語クラスなんですよ。

文Ⅰ三十人、文Ⅱ十何人ぐらい、四十何人で。文Ⅰの三十人ぐらいのなかで（官僚になり）事務次官レベルまで出世したのは三人ぐらいいて。あと、東大教授とか外交官とか弁護士とか、いろいろとなって。大川隆法先生が出世頭《しゅっせがしら》になっておられて。みんな知っていますので。同期はみんな全員知っていますから。

まあ、「今日は神頼《かみだの》みかなあ」と思いながら、来てはいるんだけどねえ。

藤井　本当に特別なお立場ということで。

黒川弘務守護霊　だって、「安倍《あべ》さんが正しいかどうか判断できる」っていうのは、もう大川隆法総裁ぐらいしか、今いないでしょ。で、みんな、ある程度、影響《えいきょう》を受けているから、意見にはね。

まあ、しょうがないね。もう最後は〝自爆《じばく》〟だな。もう〝自爆テロ〟だ。玉砕《ぎょくさい》するならするで、「言うべきこと」は言ってから玉砕しないと。辞表には書けないからなあ。「一身上の都合《つごう》で」って書くしかないから。

藤井　いろいろな角度からの問題はありますが、今、国会のほうでの話も進んでいます。本当は、単純に法律問題として見ると、厳しいところがあるのかなと。

黒川弘務守護霊　そんなの、私より大川隆法先生のほうがよく知ってるよ。ものすごいできたもん、勉強。僕《ぼく》なんかより知ってるよ、おかしいのは。そんな、検事に訊《き》く必要ないよ。これが法律的におかしいことぐらい、とっくに知ってるよ。

分かっていて放し飼いにしてるっていうか、「どうするのかなあ」って見ているだけなんだろうけどさあ。

検事総長なんていったら、もう一年か二年でトントンいっぱい上がってくるからさあ、大したことはないんだけどね。まあ、〝冥土《めいど》の土産話《みやげ》〟なんで、単に。

「官邸《かんてい》の番犬《ばんけん》」「腹黒川《はらくろかわ》」などの揶揄《やゆ》に不満を示す

藤井　世間の方がいちばん知りたいところの核心《かくしん》の一つを、単刀直入《たんとうちょくにゅう》にお伺いしますと、安倍官邸《かんてい》の意図としては、黒川さんに検事総長になっていただくことが、（政権に）有利に働くのではないかと。こういう見立てがあります。

黒川弘務守護霊　〝ゲッベルス〟っていう言い方が歩いてる。本来、菅官房長官《すがかんぼうちょうかん》向けの言葉だったはずなんだが。〝官邸のゲッベルス〟って。ゲッベルスって、どういうふうに言い換《か》えられるの？　ゲッベルスって。

いやいや、知らないわけじゃないよ。名前は知ってるけどさあ。

なかで、「〝ゲッベルス〟の霊言《れいげん》をやるんだって」と奥さんが電話していたら、「はっ、やっぱり、ゲッベルスの生まれ変わりだったんですか」と宗務《しゅうむ》本部幹部が返事をしてたんで。いや、そういう誤解は困るんで。宗教だからって、そんな勝手にヒットラーの側近の生まれ変わりにされると、私困るから、これはちゃんと打ち消しとかないといけない。

ゲッベルスって、どういうつもりで言ってる？

藤井　ゲッベルスは、ヒットラー政権の宣伝大臣だった人ですね。

黒川弘務守護霊　宣伝相だよねえ。どこで私が宣伝した?（苦笑）宣伝なんかして……。

藤井　少し言葉は悪いですけど、週刊誌的に言うと、〝番犬《ばんけん》〟というふうに。

黒川弘務守護霊　〝番犬〟!?

藤井　要するに、政権を護《まも》ることを期待されて、今、この人事の話が浮上《ふじょう》していると。

黒川弘務守護霊　うーん……。

藤井「法律を曲げてまで、そこまでする意図は、いったいどこにあるのか」というところが……。

釈　〝腹黒川《はらくろかわ》〟という揶揄《やゆ》もあります。

黒川弘務守護霊　腹黒川（苦笑）。本当によく言う。マスコミも「造語力」がすごいよねえ。腹黒川。私の腹、見たことあるんかって。

最後は〝噴火《ふんか》〟して刺《さ》し違《ちが》えることも、ないとは言えない

釈　今日は、お人柄《ひとがら》が垣間《かいま》見られるといいのかなと思うんですけど。

黒川弘務守護霊　うん、そうそう、見てくださいよ。もうすぐ〝打ち首〟になる人間の〝最期《さいご》の言葉〟を。吉田松陰《よしだしょういん》とだいぶ違《ちが》う、雑なところを見てください。

釈　先ほど、「男の意地」というお言葉もありました。

黒川弘務守護霊　ちょっと、あるかなあ。

釈　「あれ？」という気もしたんですけれども。

黒川弘務守護霊　ああ、そう。何？　キュンときた？　それだったらうれしいな。ハハ（笑）。

釈　いや、キュンとは言ってないです（笑）。いわゆる報道されているところと、少し違うのかなと。

黒川弘務守護霊　「番犬とは何事だ」って、やっぱりちょっとは腹立つなあ。検察官を番犬と思ってるんだったら、それは、大間違いですよ、政治家のほうは。こちらは情報を取るためにはすり寄っていくけど、噛《か》みつくときには噛みつくんだから、ちゃんと。そりゃあそうです。そういう二面性がない人間は、検察官には向いてないんで。

遊泳術《ゆうえいじゅつ》としてね、そりゃあ、政治家とも付き合うけどさ、一緒《いっしょ》に仲良く飯《めし》を食べると、翌日逮捕《たいほ》するのが検察官なんであってねえ。そういう人間なんだよ。

だから、大学を卒業して、昔の友達だって、そんなに付き合いたがらないよ、みんな。検察官なんていうのは。やっぱり会って、あんまりいいことないからなあ（笑）。ろくなことないから。「何か内偵《ないてい》捜査に来たのか」とか、みんな思うもんね、会社に来てもさあ。うーん。

小林　「嚙みつきオプションもあり」と。

黒川弘務守護霊　ありえるよ。最後はありえるよ。私だって「検事としての意地」はあるからさあ。「ゲッベルス（ヒムラー、アイヒマン）」だ、「腹黒川」だ、ええ？　何？「番犬」だ、ここまで言われたら、下から突《つ》き上げがそうとう来てるからさあ。

最後は〝噴火《ふんか》〟することだって、ないとは言えない。どうせなら刺《さ》し違えることだって、ないとは言えない。

君たち、そういうのを期待するんだったら、ちょっと考えてもいいんだよなあ。日曜日なあ。

いやねえ、意地はあるよ、こっちだってさあ。そりゃあ、「●秋霜烈日《しゅうそうれつじつ》」のバッジに、何て言うか、誓《ちか》った志《こころざし》をねえ、そんな簡単に捨てられませんよ。

●「秋霜烈日」　検察官記章（バッジ）の通称。中心の太陽を白菊《しらぎく》の花弁と葉であしらった形で、秋に降りる霜と夏の日差しに見立てている。

3　自分たち検察をどう見ているか

検察ＯＢの意見には嫉妬《しっと》もあるのでは

釈　国民がいちばん納得《なっとく》していないところは、二月八日で六十三歳《さい》になられて。

黒川弘務守護霊　なんか悪いのか、六十三歳になったら。

釈　いいえ（笑）。あの、「黒川検事長のために、駆《か》け込《こ》みで定年を延長しているのではないか」と見られているわけです。

黒川弘務守護霊　いいほうに言えば、「それくらいまでしなきゃいけないほど、取っておきたかった人材」ということにはなるが、悪いほうに言えば、「何かを隠蔽《いんぺい》するために、そうした」って。まあ、その逆だな。うんうん。

釈「東京高検の業務は、法に則《のっと》って手続きで行われる仕事なので、『特定の人でなければ成り立たない』ということでもないのではないか」という見方もあるわけです。

黒川弘務守護霊　先輩《せんぱい》検事の嫉妬《しっと》も、ちょっとあるからなあ。自分らのときは延長してくれなかったからさあ。自分らはみんな六十三歳で辞《や》めさせられてるからさあ。「なんで、あいつだけ六十三歳以上まで行けるんだ」っていう。「場合によっては、六十八歳まで行けるっていう話じゃないか。そんなの、けしからん！」っていうような。辞めさせられたＯＢたちはみな、大したところの職に就《つ》いていなかったり、儲《もう》からない〝ヤメ検弁護士〟なんて……。もう六十三過ぎてからヤメ検弁護士なんかやったって、全然面白《おもしろ》くないんで。圧力をかけるだけ。ヤクザの代わりですよ。企業《きぎょう》の顧問《こもん》弁護士に就いてね、圧力をかけるようなことしかないので、全然面白くないんですよ。まあ、そういうのもあるから、「ＯＢだから正しい」とは限らないからね、言ってることがね。それは割り引いて考えないと。「黒川だけ延長かよ。そんなの初めてだ。そんなこと許されるのか」っていう役人の平等意識がすごくあるからなあ。「能力は一緒《いっしょ》だ」と、みんな判定するんだよ。みんな、いったん（役人に）なったら。

大学とか進学校でも一緒だけどね。いったん入ったら、〝能力平等の原則〟みたいなのが働くけど。まあ、そういうふうに思ってるんだろうけどさ。

まあ、「私が政治家寄り」っていうか、「政治的動きをする」というようなことを揶《や》揄《ゆ》されているんだろうとは思うけどさ。

「検察ほど、民主主義的でない組織はない」

藤井　ご自身としても、自分のキャラクターとしては、少し役人離《ばな》れしたところがあるとお考えなのでしょうか。

黒川弘務守護霊　いやあ、それは大川隆法先生に訊《き》いたほうが、もうはるかによく知っている。

だけどさあ、元検事の人たちが「民主主義の危機だ！」とか言っているのを聞いたら、もうそれこそ〝腹黒川《はらくろかわ》〟も腹を抱《かか》えて笑うようなことで。

検察ほど、民主主義的でない組織はないので。「言論の自由」はなかにないし、上が言ったことは、全部、下は守らなきゃいけないし。異論があったら、辞めなきゃいけないので。辞表を出して辞めるべきなんですよ。

だから、検察は、もう一体で動きますので。検察っていうのは、基本的には〝ファシズム（全体主義）の源流〟なんですよ。ええ。

全体に、軍隊アリみたいに一斉《いっせい》にかかる。あるいは、あなたがたの〝大好き〟なイナゴの大群みたいに一斉にかかって、生き物一つ残さないような、そういう動きをする。検察っていうのは、基本的にはファッショ（全体主義的）なんですよ。全体主義者なんです。

だから、「トップにどんな人が来るか」で、すごく影響《えいきょう》が出るのは、確かにそのとおりなんです。だから、「民主主義」とは関係ないです。全然関係ないので。

藤井　現職の検察官の証言としては、非常にストレートなお言葉だと思います。

黒川弘務守護霊　「民主主義」は全然関係ありません。あるとしたら、「法治主義」は、まあ、関係はあると思います。

「検察が動くと不況《ふきょう》が来る」

小林　そうしますと、長らく続いてきた検察の体質に関して、個人としては、一定の距離《きょり》感や違和《いわ》感のようなものは感じておられたのでしょうか。

黒川弘務守護霊　いやあ、気をつけないとさあ、認識力の低い人がね、法律の細《こま》かい枝葉末節《しようまっせつ》ばっかり覚えて、それを適用してやった場合に、何て言うか、「全体のバランス」が崩《くず》れる場合もあるからね。

だから、刑事《けいじ》系中心の法律だけで物事を全部見て、「犯人か犯人でないか」だけで国民を見るような目で見てたら、やっぱり、それは政治の一部のなかに入っているんだからね、それは間違《まちが》いを犯《おか》すことがあるから。このへんが大事なところで。

それは、大川隆法総裁がよく言っておられるようにね。だから、「検察が動くと不《ふ》況《きょう》が来る」って、大川総裁はよく言ってるじゃない。私も知ってるよ。

釈　ホリエモン（堀江《ほりえ》貴文《たかふみ》氏）のときもそうでしたけれども、総裁は、「検察不況」と言っておられます。

黒川弘務守護霊　検察が動くと不況が来るんだよ。だから、今は不況が来ているのに、ここで検察が動いたら、もっと不況が来るかもしれないからさあ。

だってさあ、もしだよ、うまくやれば、安倍《あべ》政権を倒《たお》せるかもしれないけど、それで、「何とか民主党」みたいなのがあるけどさ、「あれが政権を取って、もっと景気がよくなるか」っていったら、これは信用できませんねえ。あんな、「憲法の一字一句直しちゃいかん」みたいなことを言っているようなところが取ったら、やっぱり、「君、経済、分かるの？」っていうのはあるよねえ。

4　カルロス・ゴーン氏の逮捕《たいほ》劇の真相

事前に〝政府のお墨付《すみつ》き〟を取っていたはず

釈　黒川検事長のお名前が一躍《いちやく》知られるきっかけになったのは、カルロス・ゴーンさんの事件だったわけですけれども、せっかくなので、これについてご本心を伺《うかが》いたいと思います。

黒川弘務守護霊　ああ、どうぞ。何でもどうぞ。

釈　これは、どうご覧になられていますでしょうか。官邸《かんてい》から、政治のほうから、働きかけがあって動かれたものなのでしょうか。

黒川弘務守護霊　嫉妬心《しっとしん》でしょ。ゴーンはレバノン人だけど、フランス（ルノー）の代表（会長）もしてたから。まあ、フランスは、それほど儲《もう》かっているとは言えないけど、アメリカ的に見れば、大企業《だいきぎょう》のトップというのはすごい報酬《ほうしゅう》をもらってるし、特に立て直しなんかをやったりしたら、ものすごくもらうのが普通《ふつう》だから。

「日本で十何億ももらってたのが許せない」って言うんだけど。日本的感覚で「許せない」って言うんだろうけど。実際、ゴーンを辞《や》めさせてからあと、また日産は赤字に転落して……、まあ、ゴーン事件も影響《えいきょう》してるけどね。赤字に転落して、次また、あそこも「民事再生法」だよ、まもなくね。

だから、よかったのかどうか、ああいうことをしたのが。

で、ゴーンを逮捕《たいほ》するのも、検察だけで動いたわけじゃないよ。ちゃんと〝官邸のお墨付《すみつ》き〟を取ってるからさあ。あの次の社長ね。あの社長、辞めたかな。あの社長がちゃんと官邸に来て、「逮捕してもらっていいですか」っていうのを……。

小林　西川廣人《さいかわひろと》さんですね。

黒川弘務守護霊　うん。まあ、「応援《おうえん》してくれるか」っていうお墨付きを取ってから、逮捕してるので。日本人のクーデターでしょう。われわれは、それで、政府のほうのお墨付きでやっている。だけど、本来はあんまりいいことではないと思ってるよ。

まあ、一定の立場はあるからねえ。国際的に有名人だしね。ルノーの会長もしてたし、あちらは国営企業だったところだし。日産の会長かなんかで、著書もいっぱいある方だからね。ああいう人の場合、「プライベートジェットで来たときに、向こうの隙《すき》に乗じて一気に捕《つか》まえる」みたいなのは、あんまり〝武士〟がやることではないわな。うん、やるべきではないと思う。

ちゃんと弁護士も同席させた上で、納得《なっとく》して、やっぱりやるべきであって。ああいうやり方は、あんまりいいことではないと思うけど、まあ、政治主導でやったことだとは思うよ。

ゴーン氏の逮捕《たいほ》は、「刑事事件《けいじじけん》」ではなく「ガス抜《ぬ》き」

黒川弘務守護霊　「十何億、払《はら》うのがいいかどうか」っていう判断は、私にはできない。それは日産のなかで判断すべきだろうし、他企業との比較《ひかく》上やるべきだろうと思う。

まあ、あえて言えば、日産の再建で成功したところでは、みんな文句《もんく》はなかったと思うけど、「二十年も長きにわたって、その後、君臨して、高収入を得ていることがいいのか」っていう、引き際《ぎわ》を誤ったのでないかという、まあ、その判断でしょ。

これなんかは、もう検察のテーマではないのであって。どちらかといえば、経済評論家が経済雑誌等で、本当は糾弾《きゅうだん》すべきことなんだ。

小林　今のコメントは、検察としては非常に斬新《ざんしん》で、非常に価値の高いコメントだと思います。

黒川弘務守護霊　「刑事事件《けいじじけん》」じゃないですよ、あんなのは。違《ちが》う。ああいうのをするのはね、まあ、政治と検察は一緒《いっしょ》になってやるけど、「ガス抜《ぬ》き」なんだよね。

不況《ふきょう》で、みんなの不満が、政治の不満が溜《た》まっていたり、金持ちに対して溜まっているようなときに、そういう代表的な人を捕まえてね、そして、「こんな悪いやつがいるから、うまくみんなに金が渡《わた》らないんだ」みたいな……。

今、一律十万円、配ってるじゃない、国民一人当たり。こういうのは、〝十万円で票を買って〟いるんだからねえ。「全員に配る」っていうのは、これは、もう「票が取りたい」っていうことでしょう。困ってる人だけに、本当はやればいいんだけどさあ。お金に困っていない人は、必要ないだろうね。ほとんどな、本当は。忙《いそが》しいから。

ゴーン氏の逮捕《たいほ》で、外国の富裕《ふゆう》層は日本に住まなくなるだろう

小林　そうしましたら、今回は非常にいい機会ですので、初めに、そちらサイドの話について質問させていただきます。

黒川弘務守護霊　ああ、そうか。

小林　あのとき、もう一つ問題になりましたのが、今の日本の刑事訴訟法《そしょうほう》です。あの手続きに関して、世界中からバッシングがあり、「民主主義国家としては、いかがなものか」という議論がありましたた。国内では長らく言われていたのですが、その蓋《ふた》が開《あ》いて、世界中から非難されたわけです。

そのあたりについて、率直《そっちょく》なところ、どう感じておられるのでしょうか。

黒川弘務守護霊　それはちょっと、島国で、ほかの国のことを気にしなくてよかった部分があるし、外資の、何て言うかなあ、偉《えら》い人があんまり日本に入ってきていないからね。

日本に住居を移して、ここを本拠《ほんきょ》にしてやっていたら、いろいろ引っ掛《か》かってくると思うんだけど、ほとんど来ないじゃない。ユダヤ系資本も入ってきていないじゃない。来ているのは、小物ばっかりだからさ。東京支社長程度の人しか来ていないんで。ゴーンさんは、久しぶりに、フランスを代表する企業のトップでもあり、日本の日産のトップでもあり、レバノンの名誉《めいよ》何とかは知らないけど、「偉い人だ」っていうんで、ちょっと特異だったかもしれないけどねえ。

だから、ゴーン逮捕《たいほ》で、外資のお金持ちやユダヤ資本系の人たちは、「東京なんかに住むもんじゃない」とみんな怖《こわ》がって、もう来やしないだろうよ。このへんは、経済マターが入っているから、検察があんまり意見を言うべきことではないかもしれないけど。

うーん、国民的な価値観の違いがあるからさ。ビル・ゲイツみたいに何兆円も儲けてさ、兆の単位の財団でもって、勝手にいろんなボランティアっていうか、慈善《じぜん》事業をやってるけど、あそこまで金を貯《た》めさせてくれる国じゃないよね、なかなかね。で、自分の自由にさせないよね。

検察官は、現場が長くなると〝近視眼的になる〟ところがある

小林　ありがとうございます。そちらサイドの質問を、もう一つだけさせていただきます。お話をお伺いしていますと、「検察であっても、国家的な大局観が必要だ」という視点をお持ちのようなので、お訊《き》きするのですが。

黒川弘務守護霊　そうだね。ええ。

小林　例えば、しばらく前に、北朝鮮《きたちょうせん》とか中国に関して、防衛省がミサイルの防衛体制をつくろうとしたときに、検察は防衛省に強制捜査《そうさ》を入れたりしていました。「あれ？」という感じになったのですが、そういった動きに関しては、どのように思われているのでしょうか。

黒川弘務守護霊　まあ、検察官は、全体について言っちゃいけないかもしれないけど、

本当に……。「刑法」だの、「刑事訴訟法」だの、その他、犯罪にかかわるようなことばっかりやったり、捜査したりしてるとねえ、まあ、現場が長くなるとねえ、こういう言い方はちょっと失言に当たるのかもしれないけれども、知性が低くなってくることがあってねえ。

なんか刑事と区別があんまりつかなくなってきて。刑事がやることを……、何て言うかなあ、法律のレールに乗せるのだけが仕事になって、目がすごく〝近視眼的になってくる〟ところがあるんでねえ。

そのへんの、「防衛省のどうこう」っていうの、これを「誰《だれ》が大局的判断をするか」というのは、とっても難しいことです。

単独では、やっぱり動けないことのほうが多いと思うから、まあ、業務秘密は明かせないけれども、あなたがたから見て「おかしいな」と思うことがあったとしたならば、それは〝官邸のお墨付き〟をちゃんと得ているはずだし。というか、むしろ、「そうすべきだ」という意見が入っているはずだとは思うよ。

小林　要するに、政治の問題だったという。

黒川弘務守護霊　うんうん。そうそう。

小林　あるいは、官邸の問題だったということですね。

黒川弘務守護霊　うんうん。官邸も、ほとんどバランスだけで動いているから。野党が攻《せ》めたり、マスコミが攻めたりしてるのとか、与党《よとう》のなかでの内部の意見とか、「このバランスを取りながら、どうやって長生きするか」っていうことで、いつもやっているからね。

まあ、主として、私たち検察官が使われる使い方は、〝ガス抜き要員〟。「このへんで、ひとつガスを抜いとけば、いいかな」っていう感じが多いねえ。

5 「森友《もりとも》学園」「加計《かけ》学園」「桜を見る会」問題について

釈　もう一つ、森友《もりとも》事件で。財務省は〝兵糧攻《ひょうろうぜ》め〟をしてくるので、なかなか逮捕《たいほ》できない

黒川弘務守護霊　はい、はい、はい。ここで来ましたか。

釈　佐川《さがわ》元理財局長や関係者が不起訴《ふきそ》となりました。これは政権擁護《ようご》だということで、いわゆる「忖度《そんたく》」という言葉も問題になりました。

黒川弘務守護霊　ハッハッハッ（笑）。

釈 「法を、公正かつ厳正に適用するということのバランスが崩《くず》れているのではないか」ということに関しては、どうお考えでしょうか。

黒川弘務守護霊 いやあ、検察庁だってさあ、財務省は、なかなか、それ、やれんのだよ。それは警察庁だって一緒《いっしょ》でさ(苦笑)、予算のほうで締《し》め上げられてくると困るからさ。それは、やっぱり、若干《じゃっかん》、弱腰《よわごし》になることはあるな。もう政治……、まあ、行政絡《がら》みは、ほとんど予算で回っているからね。

だから、それは……(苦笑)、なかなか、それは、「勇気を出して逮捕《たいほ》する」とかいう手もあるんだけど、絶対にしつこいから、財務省なんて。もう、何年がかりで復讐《ふくしゅう》してくるから。いちおう、「組織全体で、それに耐《た》えられるか」っていうことになると、検察庁も、別の何か資金プールをどこかに……。まあ、大手銀行から裏金でももらっていないと、とてもじゃないが生きていけないことにはなるので。〝兵糧攻《ひょうろうぜ》め〟をするんだよ、すぐ。

だから、彼らの正義は〝兵糧攻め〟でやるから。「どのくらいまでやったら、やってくるか」っていうのを、やっぱり見ないと、その判断をする人は責任を取らなきゃいけないし。だいたい、「出世させない」っていう圧力をかけてくるから、そういう判断をした人にはね。

だから、このへんは役所……。（元・通産官僚《かんりょう》だった小林に）まあ、知ってるでしょう？

黒川検事長守護霊は、「森友《もりとも》学園」問題をどう見ているのか

小林　今おっしゃった部分に関して、「森友《もりとも》学園」問題単独で見ると、確かに、「そういうご判断をされたのだな」と思うのですけれども、先ほど、「秋霜烈日《しゅうそうれつじつ》」というお言葉も使われましたので、それとの関連で申し上げますと、「森友」があって、「加計《かけ》学園」問題があって、「桜を見る会」問題と、三つ続いて出てきた、ここ数年の状況《じょうきょう》に関しては、どのようにお考えになっていますでしょうか。

黒川弘務守護霊　いや、「森友」に関しては、それは、世論《せろん》があれだけ盛り上がって

いるし、マスコミが叩《たた》いてるし、みんな、ある程度、真相は分かっているんじゃないの？ われわれが言わなくても（笑）、分かってはいるとは思うよ。

けどね、分かってはいるけどさ、加計のね、あちらの、安倍《あべ》さんのゴルフ友達かなんかだったかもしれないけれども、「『その友情を護《まも》る』のと、『首相の地位を護る』のと、どちらを選びますか」っていったら、そら、安倍さんは「首相の地位」を選ぶよね、当然ながらねえ。それは、当然そういうことだよ。

ということになれば、「その友情をぶち切ってでも、彼を〝悪人〟にしなきゃいけない」っていう判断は働いて。簡単に言やあ、〝トカゲのしっぽ切り〟だよなあ。そんなものは、みんな分かってるよ。いや、もうほとんど分かってるんじゃない？ マスコミなんか、全部「黒だ」と思ってるよ。それは、九十九パーセントそうだよ。

だけど、検察官にはね、いろいろそういう、ちょっと、やや何て言うかなあ、それを斟酌《しんしゃく》する裁量《さいりょう》の余地は与《あた》えられているんでさ。「白か黒か」を判断するとき、「灰色」がものすごく多いんだよね。その灰色をどう判断するかが、検察官の、何て言うかなあ、その人の「能力」とか、「全体観」とか、そんなのが現れてくるところではあるので。

森友も、厳密にやればね、もちろん、それに口利《くちき》きした財務官僚や、あるいは、もっと上にいた財務次官や、それは、財務大臣、それから首相も、もう口を利いてるのは、陰《かげ》ではそれは……、陰っていうか、間接的に利いてるのは確実でしょう。本人は言っていないかもしれないけど、少なくともね。

ただ、秘書は口を利いてるよね、確実に。それはもう、調べなくても分かるよな。このくらいのことが分からなきゃ、検察官を辞《や》めたほうがいいから。それはもう、分かってるよ。それは、秘書には、「何か、配慮《はいりょ》、ご尽力《じんりょく》をお願いできますでしょうか」って言ったら、もうそれだけで通じちゃうからね。はっきりしたことは言わなくてもね。

（加計の場合は）「安倍さんともゴルフをよくやっている関係ですし、奥《おく》さんとも、仲のいい関係ですからね。何か、ご高配を賜《たまわ》ればありがたいです」と、秘書の誰《だれ》かに声をかけたって、全然、それ、安倍さんは「知らぬ存ぜぬ」ですけど。忖度すれば、「そういうことをしてほしいかな」と思えば、どこかではやってるかもしれないよね。

だから、全部尋問《じんもん》して調べれば、それは、「誰がどうやって、どう動いたか」は分かるかもしれないが。まあ、(森友の問題は)トータルで見たって、あれは何億ぐらいの問題だったかなあ。十億? もうちょっと行ってた? 百億行ってたか。

小林　いや、百は行っていなかったです。

黒川弘務守護霊　十億ぐらい、十億以内でしょう?

小林　ええ。

黒川弘務守護霊　だから、「十億以内の問題で、総理や総理夫人に〝お縄《なわ》をつける〟みたいなことまでやれるか」っていう判断をすると、「そのくらいでは、ちょっと、なかなかできないかなあ」っていう感じだし。あちらの籠池《かごいけ》とか、ああいうののほうも、「ちょっと問題があるな」っていう感じはあったので。「どうせ狙《ねら》ってて、接近してたんだなあ」って。「そういうことを、何か国の『補助金』みたいなのとか、『助成』とか、いろいろな『配慮』とかをうまく手繰《たぐ》り寄せて、やろうとしてたなあ」というのは見えたからね。

だから、グレーゾーンではあるのは間違《まちが》いないけれども。これは、やっぱり、大局的に見たら、偏《かたよ》ったように見られても、まあ、森友のほうは、あれはあれで処分すべきで。

政治では、事件になると誰《だれ》かが「腹切り」をしなくてはいけない

黒川弘務守護霊　まあ、一人自殺者が出たので、かなり、それをその奥さんとかが言ってるんだと思うけど。いや、役人も、〝自殺するのも仕事のうち〟なんだよ。だから、上を護るために死ななきゃいけないことは、昔の武士の腹切りと一緒なので。切《せっ》腹《ぷく》したら、「そこが責任を取った」ってことになる。だから、「どこまでその切腹のレベルが上がるか」っていう問題なので。できるだけ下で切ってしまったら、上のほうには来ないようになるので。だから、「死んでくれた」っていうことは、あれは〝武士だ〟ということなんだよ。

まあ、そういうことなので、「全部が黒とか白」とかいうことはありえない。向こうから見れば、「人間対等の原則」から見れば、首相だろうが、首相夫人だろうが、そんな民間の理事長だとか、その夫人だとかいうのは、「対等で付き合ってた」とかね、思うかもしれないけどさ。「一緒に○○した」とか、「遊んだ」とか、「食べた」とか、いろいろあるとは思うけれども。

いや、そんなの、政治は、そういう事件になってきたら冷たいですよ。誰《だれ》か死ななきゃいけなくなるんですよ、本当に。だから、そのへんで切れなければ、もっと上まで行くか、さらに、政治家まで来ることもあるから。

で、政治家だって自殺しますからね、本当に。〝腹切り〟。自殺っていうのは一つの言い方で、腹切りだよね。腹切りを誰かがしないかぎり、終わらないので。まあ、厳しいね。

「桜を見る会」は、はっきり言えば政治家の〝買収行為《こうい》〟

小林　そうしますと、もう一歩、話を前に進めまして、あと、もう一つ、「桜を見る会」問題というのがございまして……。

黒川弘務守護霊　あっ、もう忘れてきちゃったねえ。ええ……、もう、忘れちゃった。

小林　それで、もちろん、「私だったらこうする」という、そこまでの意見は求めませんので。「黒川」として、あるいは……。

黒川弘務守護霊　まあ、〝腹黒川《はらくろかわ》〟として。

小林　「一パブリック・サーバント（公僕《こうぼく》）」として、「ああいうかたちで国家予算も使い、事実上の集団買収に当たるように見えなくもない、あの問題」に関して、どのように判定されますでしょうか。まあ、「ここだけの話」ということで……。

黒川弘務守護霊　いや、〝おかげ〟で、今年は「桜を見る会」もなくなったし、国民も桜を見ることができなくなって、ねえ？　ござを敷《し》いて花見もできなくなって、正反対になっちゃったね。なんか、正反対に振《ふ》れちゃったねえ。

まあ……、はっきり言えば、権力者の驕《おご》りはあるよね。それはあると思うよ。だから、「あの程度でお縄にできる」とは思ってないだろうと思うし。山口県の後援会《こうえんかい》が何人ぐらい来たか、ちょっと知らないけど、八百人だったかなあ？　千人だか知らないけど、そのくらい来て、ほかの人よりも多めに、「桜を見る会」に呼んでやって、（新宿《しんじゅく》）御苑《ぎょえん》で見せてやって、あとは、ホテルに泊《と》まって、立食パーティーか何かをやって、機嫌《きげん》よく帰らせる。こんなの、常日ごろからやってる政治家の〝買収行為《こうい》〟だよな、はっきり言えば。

分かってるよ、〝買収行為〟だと思うよ。だけど、下のほうの政治家の場合はできない。上のほうに行くと、だんだん、それができるようになってくるし、毎年恒例《こうれい》になって、恒例行事でやっていれば、それは、役人は「前例」に弱いからね。「毎年やっておりますので」とか、毎年、ちょっと枠《わく》が移るわけね。「総理枠」とかさ、「財務大臣枠」とかさ、「奥さんの枠」なんていうのも今回はあったとか言ってるけど。

「桜を見る会」でも「夫人は私人」と言い切った首相をどう見るか

黒川弘務守護霊　首相は、でも、〝偉《えら》い〟ところもあると思うよ。奥さんを「私人だ」と言い切って。ねえ？　あんなに秘書官が付いていても、「私人だ」と言い切って、逃《のが》れられるので。

あの能力はね、ある意味で「検察官を超《こ》えている」と、私は思うよ。できないもの。あれはできない。誰が考えたっておかしいから。あれが言えるというのは、やっぱり……。いや、あそこまで行ったら大したものだと思うよ。いわゆる「ジョーカー」ができるよ。バットマンと戦える。

釈　「腹が黒いのはそちらだ」ということですね？

黒川弘務守護霊　うん、腹が黒いのはあっちだよ。だから、あそこまで言えるんだったら……。私たちは言えないよ、やっぱり。法に基《もと》づいて仕事をしている人間としては、あそこまで言えんけれども。「あそこまで言える」っていうのは、いやあ、大したもんだねえ。

あなたも勉強したほうがいいよ。

釈　今、すごく勉強になっております。

黒川弘務守護霊　たいへん勉強になるよ。

「河井《かわい》前法相夫妻の事件」については、官邸《かんてい》と〝綱引《つなひ》き〟をしている最中でしょうか。

釈　ついでにお伺いしたいのですが、河井《かわい》前法相夫妻の件は、どこまで捜査《そうさ》されるのでしょうか。

黒川弘務守護霊　いや、あれだって、本当はもっと大きく捉《とら》えてくれてもいいんだけどねえ。前職だけど、もう、みんな覚えてないんだろう。「大臣をしてた」ということさえ覚えていないぐらいの影響力《えいきょうりょく》のなさというか、印象の薄《うす》さなんでしょうから。

あのへんの、前職の法務大臣の夫妻を、今、対象にしてやっている。これだけでも、十分「検察はよくやっている」と言われてもいいんじゃないかと。内部的にはね、私らとしてはそう思うんだけど、マスコミとか、世論のほうは、「そのくらいでは許さない」という感じ、「そんなの当たり前だ」というような感じではあるけど。

普通《ふつう》は、なかなかしたくはないことではある。日産じゃないけど、「前社長、前会長の悪事を暴《あば》く」のと同じような感じに、やっぱりなるからねえ。したくはないし、その命令を受けてやっていたのは、自分たちでもあるからね。だから、やりたくはないけど。

あれで、今、官邸《かんてい》とやっている仕切りはね、「前法務大臣夫妻をどうするか」でね。まあ、ちょっと、これは私では言い切りかねるけど。まあ、役職は離《はな》れているけど、失職させて、何か社会的に糾弾《きゅうだん》することで、〝手打ち〟にできるかどうか、検察との関係をね。このあたりのところで、今、〝綱引《つなひ》き〟というか、調整しているところで。

今、安倍《あべ》政権に対して、世論《せろん》が収まるかどうかを見極《みきわ》めている

黒川弘務守護霊　このあたりで、すごく頑張《がんば》ってやったように見えて、世間《せけん》が収まるならいいけど。それを超えて、まだ来るようだったら、いや、「これ、どこまで来るかな」っていう。次はもう、政権の打撃《だげき》にまで来るから。

森さんという今の法務大臣は、いやあ、実に軽いので。もう、「この人に護ってもらえる」なんて、検察官はみんな思っていないから。検察庁も思っていないので。「私たちのほうで、自分たちでやらないと。判断はしなきゃいけない」とは思っているので。この人は、国会で何回も引き出されたら、もう終わりになるだろうとは思っているけど。

まあ、〝飾《かざ》り〟なんですよ、ほとんどもう。だから、シナリオは、法務省のほうでだいたいつくるんだと思うけどね、答弁とかね。〝飾り〟で、筋書《すじが》きの枠《わく》から漏《も》れないように動いてくれればいいんだけど。ときどき、外れて勝手なことを言う人が、やっぱり出るので、そのときに〝噛《か》みつかれる〟のでねえ。それが難しいので。

だから、今、検察のほうとしては、あのへんの前法務大臣夫妻あたり……。まあ、「夫婦《ふうふ》で国会議員になる」っていうのも、何か「嫉妬《しっと》の原理」が働くことがあるんだよね、だいたい。「これ、いいのか」って。アメリカでも、「クリントン夫妻が両方、大統領なんかになっていいのか」という、ちょっと、そういう意見はあったけどね。やっぱり嫉妬はあるよ。「やっぱり、他人《たにん》がなるほうが民主主義的ではないか」という意見は、あることはあるのでね。

まあ、「ここを乗り越《こ》えたら、次はどこに来るか」っていうところまでは読んでいるわけで。安倍《あべ》官邸周辺は、探《さぐ》れば、それは、もう五里霧中《ごりむちゅう》で、よくは分からないけど、プンプンと〝臭《にお》い〟は漂《ただよ》ってますよ。

それは、あなたがたから見れば、ハイエナが死臭《ししゅう》を、腐敗《ふはい》臭を嗅《か》いで集まっているように見えるかもしれないけど。「ハイエナのくせに、一直線に獲物《えもの》にかからないのか」と言いたい気持ちはあるだろうとは思うけど、ハイエナだって、まだ景色がよく見えないうちは、あまり一直線に行ったら罠《わな》かもしれないから、いちおう、グルグル回りながら見てはいるわけだよ。世論《せろん》が、「どうしても、そうしないと許さない」というところまで盛り上がってくるかこないかを見極《みきわ》めているわけなんですね。

先輩《せんぱい》検事や野党に対して言っておきたいこと

小林　非常に両構えのご発言が続いているのですが、ある種、本論とも言うべきところについてお訊《き》きしたいと思います。

今回、先輩《せんぱい》検事たちからもそうなのですけれども、特に野党のほうから、あれだけ「辞《や》めろ、辞めろ攻勢《こうせい》」が来ていることに対して、ご本人としては、「ちょっと、一言《ひとこと》、こういうことを言いたいのだ」ということがあれば、ぜひお伺いできますとありがたいです。たぶん、それも、今日いらっしゃった目的の一つだろうと思いますので。

黒川弘務守護霊　だから、こういうときに限ってさ、また、自分らこそが法匪《ほうひ》と化してさあ、もう、「憲法はこうなっている、法律はこうなっているから、杓子《しゃくし》定規にそれを守ることが正義だ」みたいな……。だから、「それは、共産党がいつも言ってることじゃないか」っていう。

●法匪　法律の語句や解釈にこだわり、民衆を顧《かえり》みない役人や法律家等を指す。「匪」とは暴徒や賊《ぞく》という意味。

だけど、共産党は「憲法を護る」だとか、「法律を護る」とか、「民主主義を護る」とか言ってるけどさ、共産党が天下を取ったら、中国みたいになる、北朝鮮《きたちょうせん》みたいになるのは、もう、みんな分かっていることじゃない。だから、全部嘘《うそ》だよな。嘘でも、そういう建前で相手を攻めるために使うのは、野党のやり口だからね。だから、野党が言っていることは、一見、法律関係の専門家から見れば、正しいように聞こえることもあるけれども、実際、自分たちの代になったらどうなるか、それは分からないですよ。

それはねえ、「立憲民主党」だか、「国民民主党」だか、よく知らないけれども、そういう彼らが政権を取ったときに、要するに統治能力がないからね。だから、そういうやつほど、強権的なことをけっこうやるんですよ。だから、そのへんは気をつけなきゃいけないので。

黒川検事長守護霊から見た、安倍《あべ》総理の一側面

黒川弘務守護霊　安倍《あべ》さんの「いいところ」と「悪いところ」を両方言ったら、安倍

さんの悪いところは、憲法を知らないよね、はっきり言ってね。憲法を知らないのは、私たちにも分かる。あなたがたにも、たぶん分かっている。大川総裁もよく分かっている。

憲法を知らないし、法律を知らない。「六法《ろっぽう》ってどういう法律か、六つ言ってくれますか」って国会で質問されたら、非常に危険なあれだと思います。だから、ちゃんと官僚のその答えを……、質問と答弁を取っておかないと、六法を言えない可能性だってあるぐらいのレベルです。

藤井　先ほどの総裁補佐《ほさ》との会話（本書〈付録〉参照）でも、「芦部《あしべ》さん（憲法学者・芦部信喜《のぶよし》元東大教授）の名前も知らないような安倍総理というのは、護るに値《あたい》するのかどうか」ということも、一つの論点として出ていました。まあ、（その話は）国会での意地悪《いじわる》質問だったと思いますが。

黒川弘務守護霊　だから、ある意味で……。いや、私だって「試《ため》されている」とは思っているんですよ。だから、彼らも、「検事総長にする器《うつわ》じゃないか」と見込《みこ》んでくれている面もあるけれども、この黒川一人で……。まあ、まだトップでないのでねえ。ナンバーツーですから。「東京高検検事長のレベルで、黒川一人でどの程度まで持ち堪《こた》えられるか」っていうのを見ているわけで。

「私が政治家なら、どのくらいの肚《はら》があるか」を見て、黒川一人でこれを弾《はじ》き返して逃《に》げ切れるなら、政治家は別に何もしなくて済むわけだから、「これは、もう官僚の本懐《ほんかい》だろうが」って、向こうは思っているところがあるから。「政治家のところに全部すぐ来るようでは、もう官僚としては失格だろうが」っていう。

検察は、人のクビを取れる〝日本刀〟のようなものを持っている

黒川弘務守護霊 （小林に）だから、あなたも知っていると思うけど、官僚っていうのは、次官あたりが上になって、その下に官房長《かんぼうちょう》だとか、局長だとか、いっぱいあるけど、だんだん、実際上の決定は、課長補佐レベルぐらいで、だいたい判断……。課長補佐とか、係長とか、そのレベルぐらいのあたりが、だいたい、事件のあれをやっ

ていて、判子《はんこ》をついて上げたのを、上が「ポンポンポン」と、いちおう目を通したっていうレベルで、実際のときの責任を取らない。一年か二年でいなくなるから、みんな順番にね。だいたい、そうなっているから、あれなんだけど。

検察っていうのは、そういう危険な一種の……。まあ、私たちはみんな、銃刀法違《じゅうとうほうい》反《はん》になるから武器は持っていない。警察官は持っているが。私たちが持っている武器っていうのは、本当に〝日本刀〟みたいなものを持ってるんだよ。だから、本当は人の〝クビが取れる〟。それから、一般《いっぱん》市民や、「善良だ」と思われていたような人が、突如《とつじょ》、罪人《ざいにん》になっちゃうようなことがあるわけで。心一つでどうにでもなるところがあるんだよ。

だから、まあ、ちょっと、まだ検事総長ではないので、私の判断だけではできないけれども、もし、私が検事総長だったら、検事総長に、もし安倍さんが私を上げてくれたら、翌日に「安倍逮捕！」って言って、私が命令を出したら、検察は動きます。だから、そういう怖《こわ》さはあるんですよ。

藤井　その可能性もあると？

黒川弘務守護霊　いや、それは言わない（笑）（会場笑）。それを言っちゃあ、おしまいだからな。

藤井　（笑）

黒川弘務守護霊　それを言っちゃあ、おしまいだよな。

6 安倍《あべ》政権への評価

黒川検事長守護霊は「安倍政権」をどう見ているか

小林　その周辺の質問としまして、今おっしゃったところは、ずっと出てきているお話の流れから言いますと、ある種、法律上の部分を含《ふく》めまして、「安倍《あべ》政権に対する価値判断」といいますか、「そこをどう見るか」というところに、最終的に収斂《しゅうれん》されるのではないかと思うのですが、そのあたりについては、どのような感じでいらっしゃるのでしょうか。

黒川弘務守護霊　前の民主党政権の時代から政治家対応はやっていたんですけどね。まあ、現場もやっていたけど、法務省のほうが長くなって、政治との折衝《せっしょう》も、仕事としては多かったんだけどね。

まあ、民主党に比べれば、それは、自民党に戻《もど》ったときは、やっぱり、ホッとしたのは事実ではあるのでね。「これで、だいぶよくなるかなあ」と思っていたし、長期政権にはなったので、その支えにはなった部分はあると思うので。

私も、「官房長《かんぼうちょう》」から「法務次官」、それから「東京高検検事長」と、（安倍政権とは）長く付き合っているので。ある程度、先ほど言ったように情報も取らなきゃいけないし、彼らの考え方も斟酌《しんしゃく》しながら……。いちおうね、まあ、大統領制ではないけれども、国会なんかの法案で決められないようなことあたりは、「首相」や「首相側近」たちが考えていることとあたりが〝法律の代わり〟になるので、「だいたい、こういうことを考えているんだな」ということを見て、それに照らして判断して行動することにはなるんだけどねえ。

まあ、安倍さんに、「芦部《あしべ》さんを知らない人は、首相になる資格がないのか」って言ったら、そういうことは断定はできないので。お互《たが》い、学者なんて知らない人はいっぱいいるから、断定はできない。「それは専門家がいるからいい」って、どうせ、そう言うと思うよ。「専門家に訊《き》けばいいので。別に、そのときの専門家に訊きますので」とか、「昔の方ですから」って言えば、彼はそれで済むからね。

だから、ちょっと理解していないなっていうのは、「法治国家の意味」は、理解していない可能性はちょっとあるので、このへんは少し厳しいかなあと思うね。

ホリエモンや村上《むらかみ》ファンドは、なぜ見せしめになったのか

藤井　先ほど、ホリエモンの話が少し出たのですけれども、今、いろいろな報道がたくさん出ているのを見渡《みわた》しますと、ほとんど、もう、「検察庁法改正案反対、反対」ということで、マスコミは煽《あお》っています。

黒川弘務守護霊　そうだね。

藤井　先ほど、「検察不況《ふきょう》」というキーワードも出されましたが、ライブドア事件で逮捕《たいほ》されたホリエモンさんの発言で、面白《おもしろ》いなと思ったものがありました。

彼は、検察の問題点として、民主主義的に選ばれていない人たちが、そういう権力

を過剰《かじょう》に行使したら、非常に怖《こわ》いことになるということを発言しています。改正案に反対している人たちに、よく聞けよという反対論を、YouTube《ユーチューブ》などで発信していました。

黒川弘務守護霊　まあ、被害者《ひがいしゃ》だからね。だから、彼は本を出してさ、「お金で買えないものはない」っていうのをさあ……。あれは、たぶん出版社だと思うんだよなあ。出版の編集の人……、出版社かなあ？　がキャッチコピーで付けて、ホリエモンが書いたものじゃないとは思うんだけど。「お金で買えないものはない」とかいう言葉を、キャッチコピーで書いて広告したので、あれで当時の検察のトップが怒《おこ》ったんだよなあ。「社会の倫理《りんり》に反する」と。「国民を腐敗《ふはい》させる」っていうようなことでね。

昔の江戸《えど》時代のあれとそっくりだよ。もう、「遠山《とおやま》の金《きん》さん」とか、あんなのと……。「守銭奴《しゅせんど》は許さん」っていう感じと、ほとんど一緒《いっしょ》でね。

まあ、そういう「お金で買えないものはない」ということ。それから、「個人のプライベートジェットを持って、広島から立候補して議員に当選したら、会社をやりながらでも、週末にプライベートジェットで行き来してできる」と。それは、三十億円以上かかるような飛行機だったと思うけど、それとかも公開されたり。

あと、「『ホリエモンと行く○○の旅』とか言って、美女を連れて、タレントを連れて、ご飯《はん》をおいしいところで食べて歩いたり」とかやってて。もう、「これは出来上がって、いい格好をしている。これは懲《こ》らしめる必要がある」と。

まあ、「一罰百戒《いちばつひゃっかい》」っていうか、ほかにも、そんな悪いやつはいるのかもしれないけど。ときどき、それを検察として叩《たた》き落とすのは、さっきの「ガス抜《ぬ》き」とも似ているけれども。そういうことをやると、なんか、「仕事してるなあ」と思われるのと、社会の不満みたいなのがちょっと抜けて、正常になって、犯罪が減ったりする面があることもあるんだよなあ。

だから、やっぱり、「悪いことをすると、こうなるんだなあ」っていう見せしめだよな、昔で言う。まあ、そういう効果が、「江戸時代」みたいだけど、やっぱり、あることはあるのでねえ。

それで、村上《むらかみ》ファンドもね、あれも、通産官僚《かんりょう》かなんかでねえ、「法律を知っているのか」と思ったけど、ちょっと何か、やりすぎてる感じがね……。やっぱり、見え方がね。見え方がちょっと派手だったのが問題だったんだろうね。

〝黒川検事総長〟なら、安倍《あべ》政権の「全体主義的傾向《けいこう》」にどう臨《のぞ》むか

小林　先ほど、安倍《あべ》首相について、「法治主義を理解しておられないところがある」とおっしゃっていましたけれども……。

黒川弘務守護霊　ああ、それ、まずいかなあ。

小林　いやいや、これは、非常に重要な論点です。
そこで、次期検事総長になられる可能性のある方には、ぜひとも訊いておかなければいけない質問をさせていただきたいと思います。
われわれのほうでも、安倍さんの、ある種の問題点といいますか、その一つとして、先ほどの「法治主義を理解していない」ということの裏腹になると思うんですけれど

も、「やや、全体主義的傾向《けいこう》がある部分がある」というようには見ています。
それは、小池《こいけ》（百合子《ゆりこ》）さんにも、似たところがあるのですけれども、そういった「やや全体主義的な傾向が、場合によっては出るかもしれない」という総理大臣あるいは政権のなかにおける検事総長というのは、極《きわ》めて重要な位置づけになると思うのです。
特に、一般《いっぱん》的には、だんだん驕《おご》ってきて、法治主義を理解せずに、少し全体主義的に動く気配《けはい》が、安倍政権の後半にポツポツ出てきたような感じはあったかと思いますので、この部分について、もし……。

黒川弘務守護霊　まあ、大事は大事だよなあ。

小林　ええ。検事総長になられたときに、もし、安倍さんのほうから、そういった部分が出てきたときに、例えば、「黒川検事総長であれば、どのようなスタンスで臨《のぞ》まれるのか」ということについては、「信教の自由」の観点も含めまして、われわれには非常に関心の高い事項《じこう》になっています。

「上」のほうでは、個別のことまでは考えていない

黒川弘務守護霊　今はコロナ・パンデミック禍《か》で、どんどん、「私権」っていうか、「個人の自由」「国民の自由」が奪《うば》われているよねえ。それは、憲法上、保障されている権利だよね。

「上」のほうでは、一律に、だいたいマトリックスみたいなものをつくって、「こういうふうにする」みたいなことをやるけど、個別に見たら、問題はいっぱいあってね。

それは、ほんと、市町村レベルから、区会議員とか、いろんな人、政治家たちが頑《がん》張《ば》らなきゃいけないところでもあるんだけど、「これでやられたら、潰《つぶ》れちゃう」っていうようなところがあるじゃない。

例えば、今、「野外で二百人までならいい」とか、（緊急《きんきゅう》事態宣言が）解除されたところではね。それで、「屋内なら百人までならいい」とか言っている。

だけど、スーパースター系の人たちだったら、みんな、球場レベルの所でやったり

するじゃないですか。で、年間予定を組んでいるじゃないですか。大きな会場でやっているけど、おそらく会社としては小さくて、二、三十人ぐらいでたぶんやっているから、それが全部駄目《だめ》になると、倒産《とうさん》の危機だし。

あなたがたは知らないかもしれないけど、ＡＫＢとか、その他、「何とか坂《ざか》」っていうグループたちも、みんな集団で踊《おど》っているから、あれもコロナのあれにはふさわしくないし、握手会《あくしゅかい》も、うつるからよくないし、それから、ファンがいっぱい詰《つ》めかけるのもよくないから、芸能系もみんな危なくなっている。

だから、個別のことまでは考えていないんだよな。

基本的考え方は……、トランプさんが「戦時大統領だ」って言っていたけど、戦時下におけるような統制経済になって、政治でも、「言論の自由」や「行動の自由」がなくなっていき、それから、批判本とかも没収《ぼっしゅう》されたりする。

あと、今はＡＩの時代でねえ、「もう国民の動きを全部つかめる」みたいなことを、韓国《かんこく》なんかも、今、ちょっと言っているし、中国もそう言っているけど、怖い時代ですよねえ。

（釈に）あなただって党首をやっているのかもしれないけどさ、それは、プライベートは、気分としてはあるでしょう。

「今、釈党首は、どこそこの温泉に入っております。二時間後には、どこそこから男性がやって来て、同宿する予定です」とか、こんなのを全部知られていて、政府のほうに情報を握《にぎ》られていたらさ、やっぱり、困るだろう。

政治家は、「政敵の悪い噂《うわさ》」を常に収集している

黒川弘務守護霊　で、自分らでやらないんだよ。それを、たいてい「二流週刊誌」あたりに流す。「一流週刊誌」から行く場合もあるけど、食わなかったら二流のほうに流していき、それも食わなかったら、「フリーのジャーナリスト」に流して、それが記事を書くわけだね。そして、追い詰める。政敵をそれで消せたら、いやあ、楽。

「幸福実現党なんか、力はない」と思っているかもしれないけど、自民党は東北とかでねえ、接戦で四人ぐらい落ちたときがあったよね。

釈　はい。二〇一六年の参院選ですね。

黒川弘務守護霊　ああいうのは、みんな「怖い」って思っている。

釈　そうですねえ。

黒川弘務守護霊　五千票から二、三万票でも、逆転することがあるんでね。「自分は当選しなくても、ほかの人（の票を食って、その人）を落とし、別の人が当選する」っていうのがあるからさ。

だから、弱点っていうか、「悪い噂《うわさ》」みたいなものは、常に収集していますよ、選挙対策としては。常に持っているんです。

正攻法《せいこうほう》で来る場合、「政治」として来る場合もあれば、「検察」や「警察」を使って攻《せ》めてくる場合もありますし、「マスコミ」に叩かせることもあれば、「フリーのジャーナリスト」を使ったり、最後は「ヤクザ」まで使いますから。

私たち検察が言ってはおしまいだから、これは言ってはいけないけれども、聞くところによれば、正規のルート、法治国家のルートで動けないものについては、そういうものを取りまとめるものが、裏社会にちゃんとある。

裏社会の階層があるので、そのボスのところに渡りをつけたら、あとは全部、ちゃんと下の組のほうまで行って、そのなかの誰《だれ》かがやってくれる。

で、こちらのほうに回ってきて、なぜか知らないけど、上のほうから、「あいつは本当は無期懲役《ちょうえき》のところだけど、ちょっといろいろ事情があってな、七年ぐらいで済ましてくれや」みたいな感じの圧力がかかってくる場合もあるらしい、場所によってはね。ヤクザが多いような場所では、そういうことも起きるとも言われている。

ここは、はっきり言うことができないけど、そういうところもあるよなあ。

法律を生み出す政治家は〝神の立場〟？

小林　そうしますと、〝黒川検事総長〟としては、「このあたりまでやってきたら、さすがに限界だぞ」という……。

黒川弘務守護霊　限界？

小林　ええ。政権の一角《いっかく》であっても、やっぱり、法治主義の観点からして、「これを超《こ》えたら、さすがに私でも」という……。

黒川弘務守護霊　だから、「森友《もりとも》と桜を見る会のところは、これ以上追及《ついきゅう》しない」ということの暗黙《あんもく》の見返りに、「検事総長にしてやって、毎年の働きがよければ、まだ六十八歳《さい》まで可能性がないわけではない」みたいなことが、ちょっとね。

彼らは、粘土《ねんど》をこねるみたいに、自分らで法律をつくっているから、法律をそんなにありがたいものだと思っていないのよ。多数決で半分を超えたら、衆議院で通っちゃうからさあ。自民党が半分を超えたら通る。あるいは、公明党と組めば通るので。

だから、自分らでつくれるから、「法治主義」なんて、本当は思っていないのよ。「法律を生み出すのは私らであって、私たちは〝神の立場〟だ」と思っているんだよ、本当を言うと。

小林　そうなんですけれども……。

黒川弘務守護霊　そうなんだよ。

小林　まさにそれが実態ではあるわけなんですが、ただ、「そうは言っても」というところが、やっぱり、国民が検察に期待しているところではあるかと思うので、一定の規《のり》といいますか……。

黒川弘務守護霊　「安倍さんに、コロナの後始末ができるかどうか。これから、医療《いりょう》体制を整え、国民に金を撒《ま》き、病気の対策をし、あと、この日本の経済が持ち直すところまでやれる力があるかどうか」ということは、一つあるよねえ。「死《し》に体《たい》」になっちゃう可能性もあるので。

そのときに、「その後の政権を、誰が担《にな》うようになるか」まで予想をつけなきゃいけない。

その政治の継続《けいぞく》性を見て、「あとはこうなるはずだから、この人がやっていいのは、ここまで。首相として、ここくらいまではやっていいけど、これ以上はやってはいけない」みたいなのを見て、いちおう、そういう判断は立てます。

定年延長は「生涯現役《しょうがいげんえき》社会」のトレンド

釈　非常に政治的な視点をお持ちでいらっしゃいますよね。

黒川弘務守護霊　そうなんだよ。大川隆法先生に感化されてしまって、もう政治的判断ができるようになっちゃって……。

〝ゲッベルス〟は光栄だと思っているけど、できるなら〝ヒットラー〟にしてほしかった。

釈　実際、今回の公務員の法改正では、野党の枝野《えだの》さんなんかも、「賛成だ」と。

黒川弘務守護霊　（笑）

釈　「定年の延長」に関しては賛成です。

黒川弘務守護霊　どうせ、労組のほうも、いろいろあるんだろうからな、公務員も。

釈　そうですね。

与党《よとう》と野党の状況を踏《ふ》まえて、「今後の政治の見通し」を判断されていらっしゃいますけれども、「日本の国は、政権の中枢《ちゅうすう》まで腹黒い」ということを、国民も、嫌《いや》になるほど感じているところかと思います。

黒川弘務守護霊　長い目で見たら、「国家公務員が、検事も併《あわ》せて、六十五歳ぐらいまで働けるようになる」ってことは、トレンドとしてはそうなるべきだろうとは思っているんですよ。

釈　はい。「生涯現役《しょうがいげんえき》」ですね。

黒川弘務守護霊　「生涯現役社会」ね。

ただ、「今の時期に、それがいいかどうか」っていうのは確かに……。去年、増税して、「オリンピック景気」、あるいは「新天皇の令和時代の景気」でガーッと持っていこうとしたのに、正反対に動いているからね。「この時期がほんとにいいかどうか」っていうのは、難しい判断だし。

あと、私を検事総長にするためだけに、国家公務員が、全部「定年延長」になって、国費がかかるみたいに言われるのは、ちょっと嫌だね。その言い方は嫌だ。

政治家は「検察」と「国税」を嫌《いや》がっている

黒川弘務守護霊　六十三歳で定年になったあと、〝ヒラ検事〟になるところを、役職がある者には、毎年、内閣が見て、役職をくれるとか、六十五歳を超えて六十八歳まで行けるかもしれないけど、「それが恣意《しい》的になり、内閣との癒着《ゆちゃく》を生んで」っていう考えだろうと思うんだよね。

（検察が）安倍政権にまで迫《せま》る場合には、森《もり》法務大臣がいればですけど、当然ながら、「指揮権発動」を考えるはずなので。指揮権を発動した場合は、私たちは逮捕することができず、それを断念しなきゃいけない。

その代わり、マスコミは、当然、集中砲火《ほうか》を浴びせますので、政権はもたなくなって、結局は総辞職に追い込《こ》まれる。だから、「逮捕されるか、辞職するか」っていう感じになるんです。

だから、そのへんを、向こうも超能力《ちょうのうりょく》的に読みはしているわけですよ。「黒川なら、どうするだろうか」っていう読みはしているんだろうと思うんです。「このへんで止めるだろう」とか、いろいろ読みはしているわけです。

政治家は、やっぱり「検察」と「国税」は嫌《いや》だよねえ。みんな嫌がっているね。国税もいやらしいからね。悪口を言ったり書いたりしたら、すぐに来るからね。すぐだよね。すぐ来るから、税務署が。簡単に来るからさ。「全部、情報を持っているんだぞ」っていう感じで来るもんね。

だから、まあ、これが役人のプライドでもあるんだけどね。「政治の言うとおりには、必ずしもならないぞ」というか、「あなたがたの首根っこだって、押《お》さえているんだぞ」っていうプライドでもあるんだけどね。

ただ、国の経営が、もし破綻《はたん》していくんだったら、その正当性もなくなってくるから、今、微妙《びみょう》なところだよね。

日銀総裁を逮捕《たいほ》する可能性もある

黒川弘務守護霊　もしかしたらさあ、日銀総裁だって逮捕《たいほ》しなきゃいけないかもしれない状態だから。債務《さいむ》が〝天井《てんじょう》なし〟でしょう？

小林　理論的にはそうですね（笑）。

黒川弘務守護霊　〝天井なし〟で「債務引き受け」「国債引き受け」をして、幾《いく》らでも金を出すなんて、これ、逮捕しなきゃいけない可能性があるんですよ、場合によっては。

だって、本当に、これで日本をハイパーインフレーションとかに突《つ》き落とした場合、負債で国家破産をやったら、ほかの会社の社長だって破産する。破産させたら、これは、検察としてはトップを逮捕しなきゃいけない。当然、逮捕ですから。

だから、黒田さんを逮捕に行かなきゃいけない可能性だってあるんですよ。それはビビりますよ、私たちだって、「やっていいのかなあ？　どうなのかなあ？」日銀総裁を逮捕したら、国は動くんだろうか」って、やっぱり、怖いことは怖いですよ。

いや、その可能性もあるんですよ。安倍さんだけじゃないんです。黒田さんの逮捕だって、いちおう視野には入っているんですよ、ええ。潰れるとしたら、二年以内に潰れる可能性があるので。「国家的危機を招いた」ということで、「黒田、逮捕！」ってことだってあるわけです。

その前に、「麻生《あそう》、逮捕！」とか、「安倍も、ついでに逮捕！」とか、ないわけではありません。

それはねえ、私たちだけの力ではできないんです。「検察全体の意向」もあれば、「マスコミの意向」や「国民感情」があるわね。国民感情が八割以上〝沸騰《ふっとう》〟した場合は、だいたい抑《おさ》えられないので、何か動きます。

まあ、向こうも、阻止《そし》する手段を持ってはいますけどね。「検察官には、日銀券を使わせない！」とか言ったりされても、ちょっとあれなんですがねえ（笑）。

あるいは、「検察官の退職金は払《はら》わない」とか、「給料はもう上がらないことにする」とか、いろいろあるかもしれないんですが、戦いがお互いにあるので、それはあれなんですけど。

周りから見ても、はっきり、「死に体」というか、「ハゲタカが飛んできそうな状況」になった場合には、やっぱり、整理をつけなきゃいけないので、私たちは〝解体業者〟になります。ええ、やります。

だから、安倍さんが、もし検事総長にしてくださるなら、ありがたいことなので、お受けしますが、その三日後に安倍さんを逮捕していてもおかしくはない。それが検察官です。

長期政権を維持《いじ》する安倍《あべ》総理への嫉妬《しっと》が、今回の事件の背景に

藤井　今、黒川さん個人が標的になってしまっているようなところがあるんですけれども……。

黒川弘務守護霊　そうなんですよ。うん、うん。

藤井　これは、ある種のものすごい政治運動であり、倒閣運動のように見えるわけです。

黒川弘務守護霊　うん、そうだね。

藤井　この動きの〝震源地《しんげんち》〟を、当事者としては、どういうものだと感じていらっしゃいますか。

黒川弘務守護霊　やっぱりねえ、（安倍《あべ》政権は）明治以降の最長政権なんでしょう？　こんなの、嫉妬《しっと》ですよ。政治家としても嫉妬している。

「あんなの、ありえない」っていうか。孫でしょう？　総理の孫で、お父さんは幹事長や外務大臣をやった大物で、っていう。

学歴は、まあ、ねえ？　ああいう学歴で、普通《ふつう》なら総理なんかになれないでしょう。「億分の一もなれないのに、なれている」っていうのは、うらやましいかぎりで、嫉妬はここにもあるわけですよ。

だから、安倍さんっていうのは、その嫉妬をうまくかわす手をずいぶん持っているんですよ。

今はちょっとくたびれて、しょぼくれていますけれども、前は、外交なんかをやると、ちょっと見栄《みば》えがする。外国の首脳と一緒に並んでも、日本人にしては体格がよくて、戦後の日本の総理大臣の平均身長は百六十二センチしかないのに、安倍さんだけは、いちおう外国の元首と並んでも、押し出しが立派に見える。

そして、大きくは聞こえないけど、時折、原稿《げんこう》があれば英語を読むこともある。「アンダーコントロール」とか言ったりして、ときどき英語らしきことをしゃべることもあって、外交で点数を稼《かせ》いだ。

あと、「経済の安倍」として、「アベノミクスみたいなもので、ちょっと株価を上げた」っていう実績は、やっぱり、あることはあるよね。

そのへんまではよかったかもしれないが、次々と国難が来るし。増税、消費税上げをやって、もった内閣なんて、今まで本当にないからねえ。

それを平気でやっているんで。このへんは、何て言うかなあ、「化《ば》け物的力を持っているなあ」っていう不思議な感覚は、みんなが持っている。だから、この不思議な、何て言うか、「普通ならもたないのに、もっている」っていうところ。

だから、バカに見せて、潤滑油《じゅんかつゆ》みたいに周りに思わせて、ほかの人がやっているように見せて、「自分はやってないけど、いや、しかたなくやっている、やらされている」というようにしながら、長くやっている。

どちらかといえば、佐藤栄作《さとうえいさく》のやり方のほうに近いのかもしれないけど。長引かせて、長期政権をつくっていくやり方みたいなものを持ってはいるね。

だから、どうせ、もし私を〝最大限に膨《ふく》らませて、針でつついてパンクさせる〟んだったら、安倍さん追及の事件は、「全部、黒川のせい」にいつの間にか変わっているだろうと思うよ。「ああいう悪い検察官がいたから、蓋《ふた》がされていたんだ。でも、時間がたったし、もういいかな」っていう……。

7 幸福の科学との縁《えん》

「大学時代に大川隆法総裁から影響《えいきょう》を受けた」

釈　与野党《よやとう》共に、使われているような状況《じょうきょう》にあると思うんです。「国民に言っておきたいこと」はございますか。

黒川弘務守護霊　「国民に言っておきたいこと」って……。

まあ、名前が「黒川」っていうから、腹黒そうに見えて損をしているので、「白川《しろかわ》弘務」に名前を変えたいなあ」っていう気持ちがあるぐらいです。まあ、以前、「白川《しらかわ》」っていう悪い人がいたね、どっかで。

多少、何て言うかなあ、押《お》したり引いたり、調整したりする機能があるからね。だから、政治家のほうにも重宝がられて。

●「白川」っていう……　元日銀総裁の白川方明《しらかわまさあき》氏のこと。『日銀総裁とのスピリチュアル対話』(幸福実現党刊)参照。

「法律によれば、こうなっています」みたいなことを、すぐに言ってくる人だと、話にならないんでね。彼らは、細《こま》かいことはよく分からないから、「何とか、こういうふうな方向でやってくれないか」っていうような感じで言ってくる。「考えておきます」と言って、それとつじつまを合わすようなことを実務レベルで詰《つ》められるような人が、重宝なわけだよ。

だから、そういう意味で、私のほうが言うことをきいてくれると思われているんだろうとは思うんだけどね。

だけど、私はね、昔の検事総長の誰《だれ》かみたいに、『人は死ねばゴミになる』っていう著書を書いて死んだ人もいるけどさあ、私はそうは思っていないから。

同期には、大川隆法先生という、偉大《いだい》な、神の導きをなされている方がいらっしゃるわけですから。その影響《えいきょう》を受けていないわけはありませんので。

彼は、学生時代には、全体主義の研究をそうとしていて、そういうものを防ぐことを、一生懸命《いっしょうけんめい》研究なされていましたから。その影響をまったく受けていないわけではありませんので。〝ナチスみたいな政権〟にはしないようにするつもりではいます。

だから、「政治経済のほうに、やや明るい検察官」っていう感じで、重宝がられているところはあると思います。
あとは、「人間関係を多少調整するのがうまい」っていうところはあるかと思いますけどね。

「幸福の科学総裁の印象」を語る

釈　「能力的には優秀《ゆうしゅう》な方でいらっしゃるのだな」と感じさせていただきました。

黒川弘務守護霊　私、あなたがだんだん好きになってきちゃった。

釈　(笑)

黒川弘務守護霊　そういう率直《そっちょく》な言い方をしてくれて、ありがとう。

釈　最初、「自殺するかもしれない」というような話がちょっとありましたけれども、意外に、余裕《よゆう》があるというか、けっこう肚《はら》が据《す》わっていらっしゃる感じもするんですけれども。

黒川弘務守護霊　腹黒く〝沈殿《ちんでん》〟しているのよ。

釈　今は、ある意味、コロナ禍《か》で激動の時代であり、世界的にも大変革の時代が到来《とうらい》していいます。そうした時代に、何度かお生まれになったことがあるかのような雰囲気《ふんいき》も感じました。

黒川弘務守護霊　ああ、もうそっちに入るの？　宗教のほう……。うーん、まあ、そうだね。そういう面もあるよねえ。

いやあ、「正義感」が強くなければ、やっぱり、検察官なんかやってはいけないんだよ。だからねえ、それは大事。

あのねえ、私たちのクラスでは、政治家になるとしたら大川隆法先生で、「彼一人しかなりそうな人はいない」ってみんなが言っていた。司法試験をお受けになったときも、ちょっとだけあるんだけど、「資格だけ取って、政治家に出るんだろうなあ」とみんな思っていた。

釈　どういうところから、そうお感じになられたんですか。

黒川弘務守護霊　やっぱり、オーラとかねえ。周りから……。

釈　へえ！

黒川弘務守護霊　いやあ、もう、すごい……、すごい優秀な人だったですからねえ。うーん……。いや、私より優秀なのに、なんで司法試験に最終で受からないのか、ちょっと分からない。どうしてか分からないんだけど、「こういう天命なら、それはしょうがないかな」と思いますけどね。「神様のお仕事をしなきゃいけないので、ほかの未来があったんだろう」と思いますけど。

クラスメートがみんな、「すっげえ優秀！」って言っていましたよ。

いや、「東大には、秀才はいるけど天才はいない」っていうことになっているんですよ、一般《いっぱん》に。京大にはときどき天才が出るけど、東大にはいなかったのに、「ああ、東大でも、文Ⅰに天才がいる」っていうのが噂《うわさ》だったんだから、本当に。

だから、政治家かなんかで、本当に、「グラッドストンかディズレーリか、みたいな人になるのかなあ」という感じはしていましたよ。そんな感じかと思っていた。頭の良さはグラッドストン、人物の大きさはディズレーリみたいに思えた。

幸福の科学は世界に対して影響《えいきょう》を与《あた》えている

釈　大川隆法総裁に政党もおつくりいただきまして、今、私どもは政治活動をやっているところではあるんですが……。

黒川弘務守護霊　いや、引っ繰《く》り返るよ、そのうちに。

この人（大川隆法総裁）には、先が見えている。そうとう先まで見えているから、やるべきことをやっているんで。

私らも検証しているけど、だいたい、もう今、日本の政治全体も、経済もそうだけど、「総裁が何を発信するか」によって、みな動いてきているから。

だけど、あなたがたにメリットが落ちていないだけなんで。

あなた以下の幸福実現党員、幸福実現党は、羊の群れみたいにバーッと動いていて、みんな、そのホルンみたいなもので動いているんだとは思っているけど、日本の国も動いているよ。

コロナのときだって、もう、幸福の科学の本が出る前に、本当は動いている。どういうことが発信され……、あの、「ザ・リバティ」かね、あれ、そのWeb《ウェブ》かなんか知らないけど、出ているいろんな情報、それから支部でかけている情報とかも……。「課報員《ちょうほういん》」って言ったらあれだし、「調査員」って言うのも……。いや、「潜入捜査官《せんにゅうそうさかん》」もいけないなあ。何か知らないけど、とにかく、「課報部員」は、やっぱり入っています。

これだけ大きい団体ですので、「警察の公安」から始まって、「検察」の〝匂《にお》い〟がついているものから、政党のほうのルートから、いろんなものが何種類も入って、情報見積もりを取っているので、幸福の科学に関しての情報はすぐ集まります。

それから、「外国に対して、どう言っているか」は、外務省のほうでも分析《ぶんせき》しているし、防衛省と自衛隊のほうは、幸福の科学の発信を非常に貴重な情報として分析して、将来の見積もりに対して使っている。

「アメリカの大統領」のところだって、今はもう、言っていることは、大川さんとほとんど一緒《いっしょ》のはずなんで、ほぼツーツーなんですよ。ツーツーっていうか、もう〝遠隔操作《えんかくそうさ》〟されているんじゃないの？　だって、トランプさんのところに降りるインスピレーションは、（大川隆法総裁が）発信したものが降りているから、向こうに。

藤井　そうですね。

黒川弘務守護霊　そうでしょう?

藤井　はい。

黒川弘務守護霊　だから、一緒なのよ。考えていることは一緒なんで。トランプさんの考えていることは、大川さんも先に分かっている状態であり、そのとおりにやるから、しばらくしたら。

だから、そうとう世界に対して影響《えいきょう》を与《あた》えていることも知ってはいる。

8　検察官としての本懐《ほんかい》

「自分の正義感に触《ふ》れた場合、許さないものは許さない」

黒川弘務守護霊　私だって、今日、たまたま来たけどね、「来週以降、大変だろうなあ」と思うから、それを訊《き》くために来た。「大川隆法先生は黒川弘務に腹を切って辞《や》めてもらいたいのか、続投してほしいのか、どこまでやってほしいと思っているのか、意見があるなら、お聞きしよう」と思って、今日、来たわけです。

大川隆法が「辞めろ」と言うんなら、私は辞めるよ、来週。だけど、「辞めろ」って言わないなら、もうちょっと考えてみる。自分でやれるのはどこまでか。だけどねえ、一言《ひとこと》だけ言わせてもらえば、スポーツ紙とか夕刊紙とかが、面白《おもしろ》そうに、「腹黒川《はらくろかわ》」だの、「安倍《あべ》の番犬《ばんけん》」だの、「官邸《かんてい》のゲッベルス」だの、いろいろ言っているけど、いやあ、私は、やっぱり、検事総長や東京高検検事長である以前に検察官だから、自分の正義感に触《ふ》れた場合は、許さないものは許さない。だから、それについては妥協《だきょう》はしない。だけど、情報としては取らなきゃいけないものがあるので。

検察官も、下だったら、事件だけを捜査《そうさ》していればいいけど、上になれば、もうちょっと、「政治全体の問題」、「法律の問題」や「経済の問題」、「外交の問題」、全部をひっくるめて、あるいは、「神仏の考える正義」まで含《ふく》めて、「何が正しいか」を考えるべきであるので。

だから、その意味で、何て言うか、政治にすり寄っているように見えているかもしれないけど、どっこい、全部を〝身売り〟する気はありません。

検察官っていうのは、いかに政治家にかわいがられているように見えても、〝脇差《わきざし》〟は一本、いつも差していますので。いざというとき、許せないときには、〝脇差〟を抜《ぬ》いて、相討《あいう》ちになるつもりで刺《さ》します。それは信頼《しんらい》していただきたい。

それは、検察官の後輩《こうはい》にも言っておきたい。

別に、私は地位だけのために、恋々《れんれん》としているわけではないので。

ほかの検事総長候補もいるけどね。だけど、「危機の時代に、彼ではちょっともたないんじゃないかな」と自分では思っていることはいるので……。ちょっと残念だけど。

小林　なるほど。

黒川弘務守護霊　私のほうが、たぶん対応能力は高いと見ているので。

小林　そうですね。はい。

「小池百合子《こいけゆりこ》の総理は、安倍《あべ》よりも悪いかもしれない」

黒川弘務守護霊　安倍《あべ》さんは、もうそろそろ「死に体《したい》」なので、どこまでもたせられるか分からない状態ではあるんだけど、安倍以降、次の有力な人が出ないかぎりは、ちょっと用心したほうがいいとは思っているので。野党連合と元検察官あたりが束になって、マスコミの社説とかも束になって辞めさせようとしているけれども、そのあとがどうなるかは、国民に対してすごい影響《えいきょう》があるので。だから、小池百合子《こいけゆりこ》で、君たちは本当に幸福なのかい？　小池百合子の総理は安倍より悪いかもしれないよ？

小林　いやあ、それは幸福ではないように思います。

黒川弘務守護霊　悪いんじゃないか？　安倍さんは、頭は悪いように見えるかもしれないけど、全体観というか、そういうバランス感覚を持っているよ。

小林　はい、まだありますね。

黒川弘務守護霊　小池はね、あれはヒステリーだからさ。自分がキーッときたら、もう終わりだよ。本当に突《つ》っ走るから。排除《はいじょ》するから、嫌《いや》なものは。

あんな、七海《ななみ》ひろこなんかを対立候補に立てたら……。自民党でさえ恐《おそ》ろしいから対立候補を立てないのに、あなた（釈）はお強いから、七海ひろこを対立候補に出すけど、目の敵《かたき》だよ、これ。

だから、君たちが講演会を永遠に開けないように、「特に宗教関係の集会だけは、絶対に野外でもやってはならない」とか、ねえ？　大きな所で、幕張《まくはり》メッセなんかでやれないように、あそこを全部病院にして、ベッドを入れるとか、やるかもしれないしね。もう、いろいろ言われるかもしれない。

釈　小池都知事は、やや〝独裁者的な傾向《けいこう》〟を持っているようにも見えるので、選挙でしっかりと戦っていこうと思っています。

黒川弘務守護霊　うん、持っています。持っていると思います。

選挙期間以外には〝公然買収〟が行われている

釈　今日は、「男の本懐《ほんかい》」のようなものも聞けて、驚《おどろ》きました。

黒川弘務守護霊　そうだよ。いや、もう覚悟《かくご》はしていますよ、私も。それは明日《あした》辞めたって……。明日は日曜日だから辞められないけど、月曜日に辞めたっておかしくない立場なので。

いやあ、実際、この世的に押《お》し切られたら、そうなるかもしれない。先輩たちがみんな一生懸命《いっしょうけんめい》、説得に来ているから。「ここまで名前と顔を明らかにされて、あんた、『岡《おか》っ引《ぴ》き』だって顔を知られたら『泥棒《どろぼう》』に逃《に》げられるから、もう駄目《だめ》だろうが」って、みんな言っていますよ。「商売上がったりだから」って。あと、「検察官はみんななめられて、仕事にならないぞ」と言われているので、それで心を動かされることはあります。

ただ、大川隆法さんが私の立場にいたとしてもね、「森友《もりとも》学園」のはちょっとずるいことをしているとは思うけど、でも、たぶん、首相を潰《つぶ》そうとはしなかっただろうと、私は思う。

それから、「桜を見る会」のことは、あれだって、あなたがたのようにまだマスコミを自由に使うこともできず、コマーシャル代わりに「七時のニュース」に出られない立場にあるところから見たら、公然と大勢を呼んでね、何千人も呼んで園遊会の名《めい》簿《ぼ》だってつくれるんでしょう？　それから、「桜を見る会」もつくれる。いろんなかたちで、実際は〝公然買収〟をやっていますよ、選挙期間以外にね。

あなたがただったらすぐ……、一万円、いや、千円を使っても二千円を使っても危ないぐらいですから。まあ、一万円でも捕《つか》まるでしょうけど。

彼らは何千万とか億の金を使っても捕まらないんですよ、システムのなかに組み込《こ》まれているかぎり。それは、そういうものなので。

そこまでメジャーになることが難しいからね。難易度がとても難しいので、なかなか……。いっぱい、いろんな人が撃《う》ち落とそうとしているから。「ライバル」「政敵」も撃ち落とそうとしているし、「マスコミ」も撃ち落とそうとしているし、「国民」も揚《あ》げ足取りでいつも狙《ねら》っている。そのなかをくぐり抜けて、やっているからね。

だから、物事の大小を見て、国民が結果的にちょっとでもよくなる方向をなるべく取らなければいけない。ただ、明確な法律違反《いはん》で、これが民主主義の法治国家としてあってはならないかたちにするなら、やっぱり、それは断固としてやる。

ただ、韓国《かんこく》みたいな国にはしたくない。韓国も「民主主義」と「法治主義」を言っているけど、歴代大統領はもう死ぬか、自殺か、刑務所《けいむしょ》だよ。ねえ?「財産没収《ぼっしゅう》」「親族一同全部逮捕《たいほ》」。韓国はそんなのばっかりじゃない。

あそこまではやりたくない。あれはおかしいもの、やっぱり。あそこまでやったら、良質な政治家というか、大統領は出てこないよ。どう見たって、出てこないので。〝毒にも薬にもならないような人〟しか出てこないか、圧倒《あっとう》的な左翼《さよく》、リベラル派の人しか出てこないので。

だから、弁護士上がりの政治家とかが野党にいっぱいいるけどさ、弁護士上がりで、「個人を救済する仕事」だけをやっていた人が、本当に「統治行為《こうい》」ができるのかどうか。やっぱり、それは試《ため》してみないと分からないけど、前の民主党みたいなレベルだったら、やらないほうが国のためだとは思っているんでね。

「法をねじ曲げてでも悪政はさせない」という意地はある

黒川弘務守護霊　いや、今日は「黒川弘務検事長の本心」ね。検事長の本心としては、「検察官としての本懐は、忘れるつもりはない」という、これははっきり言っておきたい。

ただ、私が政権に媚《こ》びているように見えるかもしれないけれども、「刑法とか、刑事訴訟法《そしょうほう》とか、そういう細《こま》かい規則や手続きが何よりも優先する」っていう、こういうふうなやつこそ、〝アイヒマン〟なんじゃないの？　本当は。そういう手続きばっかりを言うのは〝アイヒマン〟でしょう？

小林　そうですね。おっしゃるとおりです。

黒川弘務守護霊　「法律がそうなんだったら」って、法律が間違《まちが》っていることもあるからね。ヒットラーみたいなのがつくっていたら、アイヒマンになってしまうから。そのまま杓子《しゃくし》定規に適用するだけならアイヒマンになってしまって、ユダヤ人全部をガス室に送って何の罪も感じない人になってしまうからね。

いや、「そうはなりたくない」と思うから。検察官にも、起訴は便宜《べんぎ》主義だし、裁《さい》量《りょう》を任されているし、その代わり、起訴した場合、九十九パーセント有罪ですから。だから、ゴーンさんなんかも、それは文句《もんく》を言ってますよ。「日本では、起訴されたら九十九パーセント有罪。こんなの、ありえるか。そんなの、弁護士を付ける意味はないじゃないか、有罪が決まっているのに」と言っているけど。いや、起訴する前にね、いちおうアローワンス（許容範囲《はんい》）を持っているんですよ。だから、灰色の場合で、「これは、そこまでやらなくていいかな」と思うやつは、しないでやめているので。

こちらも裁判官の機能の一部を持っているんですよ。裁判が多くて困っているからね。だから、「そこまでやる必要はないかな」と思うものは、やらない。

まあ、ホリエモンとか村上《むらかみ》ファンドとか、今も活躍《かつやく》しているのを見ればね、逮捕するほどではなかったのかもしれないけれども、「ちょっとバブルの気《け》が、また出てきた」と言って騒《さわ》いでいた時期なので。まあ、私の判断ではありませんけれども。当時の先輩、今、文句をつけている先輩たちの判断でしょうけどね。

お金に対して、検察官があまりにも潔癖《けっぺき》すぎるのも問題だと思うんですよ。企業家《きぎょうか》の能力とか実績というのが理解できないというのは、やっぱり、それは能力の限界ですよ。「法律で全部、給料が決まっている」なんていうのは、「能力判定できない」ということだからね、これはね。

だから、そういう人たちが企業家の才能を、あまり雰囲気《ふんいき》だけで判断してはいけないんじゃないかなあ。そう思っています。

まあ、最後はね、「進退を決めろ」というときは、また来ますから。大川総裁に判断を頂いて、「辞めろ」と言うんなら辞めます、その段階で。

ただ、私も意地はあるから、法をねじ曲げてでも悪政をやらせるつもりはないので。

政府はマスコミに攻撃《こうげき》させて、幸福の科学の強靱《きょうじん》性を見ている

黒川弘務守護霊　いや、政権もいろいろな悪さはしているよ。だから、君らのところ（幸福実現党）で、「五万円をタレントに払《はら》った」とか言って強制捜査するなんて、まあ、いかれているよ、はっきり言えばな。

だけどさ、政治家のほうから依頼《いらい》されたらさ、〝下《した》っ端《ぱ》〟のほうは動くよ、あんなのな。まあ、そう思うけどね。

ただ、「幸福実現党」なり「幸福の科学」なりが、どの程度の能力を持っているかを測っているところもあるんですよ、あれは。ああいうのをやってみて、どういうふうに反応するかを見ているんです。「将来、どの程度まで幸福の科学を敵にするか、味方にするか、距離《きょり》を取るか」を見るために、ああいうことをやるんです。それは知っておいたほうがいい。

だから、江戸城《えどじょう》の堀《ほり》の深さをね、小石を投げて測っているんですよ。どのくらいしたら濁《にご》ってくるかを見ている。ああいう小さな事件だけど、あれはあなたがたの能力

●五万円を……　2016年7月26日、「参議院選挙において、5万円の謝礼を払って、タレントに幸福実現党の選挙応援を依頼した」として、タレント1名と会社経営者2名が逮捕された。これに伴い、2016年8月2日、幸福実現党本部に家宅捜索が入っている。『幸福実現党本部 家宅捜索の真相を探る』（幸福実現党刊）等参照。

を測っているんです。

あれを出したら、事件は小さかった。トクマさんの応援《おうえん》に弁士で来た人に五万円が渡《わた》ったとか、何かそんな小さな話で、私たちから見るとバカバカしくて、もうそんなのは本当はどうでもいいことなんです。どうでもいいことなんだけれども、これを、もし、〝ガサ入れ〟したら、あなたがたがどう判断するかを見ているんですよ。政治家も含めて見ている。

そうしたら大川隆法は、即《そく》、●菅官房長官《すがかんぼうちょうかん》の、同じく守護霊霊言《れいげん》といって、バーンッと〝反撃《はんげき》〟してきた。「こんな小さい事件でも来ますか」って。「なら、もっと大きいのが来たら安倍のクビを取りに来るな」って、これが分かるわけですよ。

だから、幸福の科学にどの程度までちょっかいを出していいかどうか、測っているわけですよ。

菅さんはあなた（釈）に会って、「私はやっていない」っていうことだったでしょう。本当はみんな嘘《うそ》つきですから。「やっていない」ということは「やった」ということだからね。「やった」と言う場合は、「それは本当か？」って訊かなければいけな

●**菅官房長官の……**　『菅官房長官の守護霊に訊く　幸福実現党〝国策捜査〟の真相』（幸福の科学広報局編、幸福の科学出版刊）参照。

い。「やった」って言う場合は、それこそおかしいから。そんなことを言うはずはないので、政治家が。「やった」って言う場合は、誰《だれ》かがやったのをかばっている場合はあるかもしれないけど、「やっていない」っていう場合は、「やった」ということだからね。

だけど、これも含めて、やっぱり、この国を託《たく》せるような人たちなのかどうか。あるいは、そういう政党なのかどうか。あるいは、幸福の科学というのはどういうふうな政治的判断をするのか。やっぱり、与党《よとう》側というか、保守側にも見えるけど、野党みたいな意見も発信しているし、「外交」とか「経済問題」、いろんなことについて発信しているから、あなたがたがマスコミとか、いろんなものに対して、どういうふうに対応していくかを見ているわけです。

だから、おたくの長男の問題もさっき訊かれたけどさ、奥《おく》さん（大川紫央《しお》総裁補佐《ほさ》）に。「くだらない、えらいてんちょうとの対談みたいなものを『●WiLL《ウィル》』が載《の》せるのはおかしい。あのレベルなら載らないはずなのに、載せたのはおかしいから、絶対に政治的なものか何かが口利《くちき》きしているでしょ」って。

●『WiLL』が……　『「月刊 WiLL」立林《たてばやし》編集長リーディング』（幸福の科学出版刊）参照。

それは、そのとおりだと思いますよ。私みたいな門外漢《もんがいかん》、要するに、「言論の自由」に対して関係ない立場にある者から見ても、たぶんそうだろうと思う。

「週刊文春」に載った。これもおかしい。それから、文春がその一年後、まだ本を出してきた。これもおかしい。やっぱり、それは牽制球《けんせいきゅう》を投げていると、私は見ていますよ。

あなたがたは、それに対する反論をしているわね。本でズラーッと、ピシーッと実証的に反論して、やっているよね。「正義でないものに対しては、断固、許さない」という。検察官みたいだなあ。断固、そういう気持ちを持っているから。

あれは、「実の息子《むすこ》に対しては、やれないだろう」という人情の弱みにつけ込んでやっていることだからね。「本当は、親が息子を訴《うった》えるようなことはできるわけがない。世間《せけん》が見ているなかでは特にね。小さい話ならともかく、世間が見ているなかで、そんなのができるわけがない」と思って、大手出版社とかを絡《から》めて攻撃《こうげき》しているわけだよ。あれが、やる手だから。

まあ、ああいうところも〝蛇《へび》〟だからね。だから、文春みたいなところも、官邸の

●「週刊文春」に……　『直撃インタビュー 大川隆法総裁、宏洋《ひろし》問題に答える』（幸福の科学総合本部編、幸福の科学出版刊）、『「文春」の報道倫理を問う』（幸福の科学出版刊）参照。

都合《つごう》のいい情報も流して書かせるけど、今度は逆ネタを使って攻《せ》めるのも使う。まあ、本当に、この世は〝狸《たぬき》と狐《きつね》のすごい知力戦〟をやっているので。

お互《たが》い、そのへんは分かった上でやっているんですよ。相撲《すもう》取りの出稽古《でげいこ》みたいなもので、よその部屋に行って稽古をやって、相手の手の内を見た上で本番をやるけど。まあ、みんな、そのへんは手の内を知りながら、加減するかしないかをやっていて、「勝ち越《こ》し」が懸《か》かっているような試合のときにどうするかとか、お互いに〝星の貸し借り〟をやったりしていましたよね。

あんなのではないけど、いちおうね、そういうマスコミの攻撃とか、政府の代わりに、間接的にやらせてね、それで、どの程度の強さを持っているかと、レジリエンス（強靱《きょうじん》さ）というか、強靱性を持っているかどうかを見ているんですよ。

私も、この反応を見られているので。「黒川で、どの程度までもつか」っていうのを。これで潰れるようだったら、検事総長になるべきではない人間だからね。

習近平《しゅうきんぺい》氏や金正恩《キムジョンウン》氏への批判は、日本の総理大臣でも言えない

藤井　大川隆法総裁先生の大学時代のクラスメートとしても、幸福の科学グループをご覧になってくださっていると。

黒川弘務守護霊　私たちは一学年三千人いましたけど、いや、三千人のなかでもいちばんの出世頭《しゅっせがしら》ですので。私たちはみんな尊敬しているし、幸福の科学も発展してほしいし、大川隆法の名は永遠に伝えていきたいなと思ってはいるので、本質的に敵になるつもりはありません。

ただ、形式的なものに引っ掛《か》かった場合は、現場の人たちが調べざるをえないものもあるから。政党を目指すなら、それはある程度の覚悟をしなければいけないところはあると思うよ。

運動員はね、熱心になってしまって、いろんなことをするからね。自民党だってそれをやられるから、しかたがないので。まあ、負けたほうというか、落選したほうが

余計にやられるのは事実だけどね。
ただ、志《こころざし》は分かっているし、骨があるのは分かっているから、簡単な脅《おど》しぐらいに乗るような人でないことは分かる。簡単な脅しに乗るような、脅しに屈《くっ》するような人だったら、習近平《しゅうきんぺい》とか金正恩《キムジョンウン》の批判をするのは、これほど怖《こわ》いことはなかろう。日本の総理大臣だって彼らの批判は言えない。

藤井　そうですね。

黒川弘務守護霊　ねえ?　怖いですよ。だって、彼らは暗殺する能力があるからね、はっきり言って。これに平気で言っているんだからね。だから、そうとうだと思いますよ。

藤井　はい。ありがとうございます。

創価学会《そうかがっかい》と〝東西の横綱《よこづな》〟を分け合うところまで来た幸福の科学

藤井　ご自身の今の境遇《きょうぐう》以外にも、大所高所《たいしょこうしょ》からのご本心をいろいろと明かしてもらえたことは、よく分かりました。

黒川弘務守護霊　いや、勉強させてもらっていますから。君（小林）は新しくまた帰ってこられたとのことで。まあ、「ザ・リバティ」さんも勉強させていただくので、これからの「政権構想」や、いろんな「政治の流れ」や「外交」や「経済」を勉強させてもらうから。検事もやっぱり、一般《いっぱん》の勉強、あるいは宗教の勉強をしなければ駄目だと思っているので。

小林　よろしくお願いします。

藤井　はい。今日は貴重なご本心をお伺《うかが》いしました。本当にありがとうございました。

黒川弘務守護霊　どんなタイトルになるんだろうね。「黒川弘務、最後の叫《さけ》び」とかいって、そんな題になったりするのだろうか。

藤井　言わんとしているところは間違いなく伝わりますので、ぜひ、ご安心いただければと思います。

黒川弘務守護霊　まあ、こんな人間ですよ。こんな人間。

ただ、大川隆法さんは、大学時代は違う名前をもう一つ持っていて、今、名前を変えられてやっていらっしゃるけれども、私はとっても尊敬していたし、優秀《ゆうしゅう》な方だと思っていたので。私だけでなくて、クラスメートのほかの人たちもみんな、大川先生のご活躍と出世は願っているからね。だから、頑張《がんば》ってほしいなと思っていますよ。

一九八〇年代に起きた新宗教はいっぱいあったけど、三十何年たって、まだ生き続けて、第一線でまだ活躍して、創価学会《そうかがっかい》と〝東西の横綱《よこづな》〟を分け合うぐらいのところまで来たので、私たちとしては、とても誇《ほこ》らしい気持ちがある。できたら、釈党首は公明党を張り倒《たお》して、あそこの場所に座《すわ》ってくださいよ。

釈　ありがとうございます。

黒川弘務守護霊　願っていますから。私の現役《げんえき》時代は無理かな。だけど、できるだけ早いうちにね、行ってくださいよ。

まあ、公正中立な意見としては、もうこれ以上、言ってはいけないとは思いますけど、応援はしていますから。

藤井　今日は貴重なメッセージを頂きまして、本当にありがとうございます。

黒川弘務守護霊　もし、逮捕されたときには、もう一回、守護霊霊言を出してください。「釈量子を逮捕するとは何事であるか。即、釈放《しゃくほう》せよ」という霊言を出しますから。

釈　（笑）ありがとうございます。

黒川弘務守護霊　そういう意味では、〝幸福の科学の守護神〟でもあるわけですから。

「今は安倍《あべ》体制を維持《いじ》したほうがいい」と思っている理由

藤井　はい。そろそろお時間ですので。

黒川弘務守護霊　あっ、そうですか。

藤井　よろしいですか。どうもありがとうございました。

黒川弘務守護霊　本当に、どう料理するかは、そちら様次第《しだい》ですけど、まあ、一つよろしゅうお願いします。

一定の政治的な力を持っておられるのはそのとおりだし、それ以外の「神仏の意向」みたいなものが、今、働いているのでね。国民の大部分はだいぶ影響されていますので。安倍《あべ》さんだって、あなたがたの本を読んでいますからね。それは判断に使っているはずなので。

私の本が出るっていうのは、どうなりますかねえ。分かりませんが。〝デッドボールすれすれのストライク〟になるかどうか、ちょっと分からないですね。暴投かストライクか、ちょっと分かりません。ただ、これを出したということは……、どう見るかね。

いや、黒川って、けっこう腹黒い下に、まだコールタールみたいな黒さが残っていたという……。

藤井　記者会見の代わりに、今日はご本心そのものが表現されたと思いますので。

黒川弘務守護霊　代わりだよ。だけど、こういうことは言えないからね。記者会見ではさすがにちょっと、「言ってはいけない部分」がそうとうあるからさ。

だけど、まあ、友人だから、そんなに悪くはしないと思って、大川隆法に〝闇鍋《やみなべ》〟に使われるんだったら、それまでかなと思って、私も諦《あきら》めているから。判断してくださいい、そちらのほうで。「神の判断」をね、どうかしてください。

藤井　はい。どうもありがとうございました。

黒川弘務守護霊　よかったかな。こんなのでいいかい？

藤井　はい。

黒川弘務守護霊　何かほかに言ってほしいことはあるかい？

いや、安倍政権を倒すのは簡単ですよ。倒すのは簡単だけど、国民全体の利益を考えて、「次に誰が来るか」まで考えた上で、やらなければいけないっていうことなので。

「次、安倍さんよりもよくなる」っていうのなら私たちも考えますけど、よくなる道が、まだちょっと見えていないので。今、国民が困難のなかにあるからね、しばらく体制を維持《いじ》したほうがいいのかなと思って、私は粘《ねば》ってはいるんだけど。

それを個人的な〝執着《しゅうちゃく》〟とか〝欲得〟だと思われているのなら、「検察官の本懐」としては、多少、残念だという気持ちは持っているということだね。それだけは言っておきたい。

藤井　はい、どうもありがとうございました。

黒川弘務守護霊　はい。

9　霊言収録を終えて

大川隆法　（手を二回叩《たた》く）はい。どういう印象だったでしょうか。

藤井　やはり、言いたい気持ちが、そうとういろいろとあったと。

大川隆法　ありますね。それは溜《た》まってはいるでしょうね。

藤井　はい。はい。

大川隆法　あれだけ書かれて、何も言えないというのは腹が立つでしょう。

藤井　はい（笑）。そういう意味で、幸福の科学でしかできないことをできたというふうになるかと思います。

大川隆法　そうですね。ええ。信じる信じないは五分五分《ごぶごぶ》ですから。世間《せけん》の人には、「こんなもの、あってたまるか」と思う人もいるでしょうし、「いや、本当かもしれない」と思う人もいるでしょうから。そのファジーなところがいいところもあるのではないでしょうか。本人に責任が及《およ》ばない部分もあるので。「そんなの、『霊《れい》が言った』と言っているんだから関係ない」という理解もあるだろうとは思います。

でも、こういう人だとは思いますよ。

藤井　はい。

大川隆法　人当たりはいいし、腰《こし》は低いし、人に対してはあまり悪く言わないタイプの方で、人柄《ひとがら》のいい人なので。それを選んだのだったら、それなりだとは思いますけどね。

まあ、擁護《ようご》にはならなかったかもしれないし、検察官にあるまじき発言が百個ぐらいはあったかもしれないとは思いますけど。黒川さん、クビになったら、幸福実現党あたりから法務大臣候補で立候補しないかなあ（笑）。クビになる場合は、もう天下《あまくだ》り先もなかろうから。

釈　その場合は話を進めたいと思います（笑）。

大川隆法　天下りできないでしょう。こんなに有名になってしまったら、もう行くところがないから。幸福実現党で立候補して、「法務大臣を目指そう」と来たらどうですか。万一《まんいつ》のときには、受け皿を一つぐらい用意しておきますからね。

藤井　はい。貴重なご縁《えん》だと思います。

大川隆法　はい。それでは、ありがとうございました（手を一回叩く）。

藤井　今日は本当に貴重なお時間をありがとうございました。

大川隆法　はい。

（著者注。五月十八日、安倍《あべ》総理は今国会での検察庁法改正案を見送り、次の臨時国会への含《ふく》みを残した。倒閣《とうかく》運動の高まりと、内閣支持率の低下を考慮《こうりょ》したのだろう）

〈付録〉黒川弘務《くろかわひろむ》検事長守護霊《しゅごれい》の霊言《れいげん》

二〇二〇年五月十六日　収録

幸福の科学　特別説法堂《せっぽうどう》にて

質問者

大川《おおかわ》紫央《しお》（幸福の科学総裁補佐《ほさ》）

［役職は収録時点のもの］

1　霊言《れいげん》収録を希望して現れた黒川弘務《くろかわひろむ》検事長の守護霊《しゅごれい》

「弁明したいけれども、記者会見が開けない」

（編集注。背景に、幸福の科学の英語経文《きょうもん》“The《ザ》 True《トゥルー》 Words《ワーズ》 Spoken《スポークン》 By《バイ》 Buddha《ブッダ》”の音声がかかっている）

黒川弘務守護霊　ああ、ああ……。

大川紫央　あなたは、どなたですか。

黒川弘務守護霊　ああ、いやあ……。いやあ、うーん……、すみません。

大川紫央　はい。

黒川弘務守護霊　申し訳ないと思っています。

大川紫央　何がですか。

黒川弘務守護霊　いやあ、「ご迷惑《めいわく》をかけて申し訳ないと思っています」と言っているので。

大川紫央　何についての「ご迷惑」でしょうか。

黒川弘務守護霊　いや、（ここに）来てしまった……。

大川紫央　ああ。どなたですか。

黒川弘務守護霊　一度、「（霊言《れいげん》の収録は）やらない」と言ったんですけども……（本書第1章参照）。

大川紫央　あっ、〝ゲッベルス〟……。黒川さん？

黒川弘務守護霊　いや、「ゲッベルス」と言われるのも不本意なんですけど。まあ、少しぐらい何か……。

大川紫央　先ほど、新聞を読んだから、同通して来られたのでしょうか。

黒川弘務守護霊　もういっぱい……。いや、毎日ですし、日ごとに今、厳しくなって、もう、「今にも辞《や》めろ」っていう感じになってきているんで。私も弁明したいんだけど、記者会見が開けないし。出してもらえないから。

●〝ゲッベルス〟……　一部マスコミ報道等で、黒川氏に対してナチス幹部類似の表現をされることがあった。本書 p.22 参照。

大川紫央　「今の政権が自分たちを護《まも》るための人事」ではないかと、疑われているんですよね？

黒川弘務守護霊　いや、政権は「そうではない」と言っているけどね。

大川紫央　それは嘘《うそ》ですよね？

黒川弘務守護霊　まあ、でも、本来、やっぱり、出て何か言うべきだとは思うんですよ。本来ね？

だけど、検察が、そんな、東京高検の検事長がそんなことを言ったっていうことは、かつてないんでね。元検事総長とかがズラーッと出てきて、先輩《せんぱい》たちがみんな、「辞めろ、辞めろ」と言って、野党と一緒《いっしょ》になっているからね。

大川紫央　安倍《あべ》首相は、「次期検事総長に、黒川さんが選ばれないかもしれない」と言っていますけれども、選ばれますよね？

黒川弘務守護霊　いやいや、それは、持ち堪《こた》えなければ、辞めるしかないから。方法は幾《いく》つかあるんですよ。「私と現検事総長と、一緒になって辞める」っていう。まあ、「両方、辞めろ」と言ってきているから。

それから、もう一つは、「強硬《きょうこう》手段で、前法務大臣だけでなくて、安倍首相官邸《かんてい》まで強制捜査《そうさ》を入れて、やっているふりをする」。

「森《もり》法務大臣が指揮権を発動しても、きかないでやる」というのが一つ。

それから、「自殺する」っていうのが三つ目です。はい。

なぜ今、検察官の「定年延長」をしようとするのか

大川紫央　では、何のために、政権は今、「定年延長」をしようとしているんですか。

黒川弘務守護霊　いや、まあ、それについては、ちゃんと正式な質問で録《と》っていただかないと、これは非常に微妙《びみょう》な案件なので。こういうラフな感じではなくて、ちゃんと、「これについては、どう考えているか」と……。

大川紫央　それを幸福の科学が出して、こちらにメリットはあるのでしょうか。

黒川弘務守護霊　うーん……。

大川紫央　「当会が安倍首相や小池《こいけ》都知事から恨《うら》まれて、被害《ひがい》を被《こうむ》って、また〝●五万円事件〟のようなことが起きるだけ」ということになるのではないのですか。

黒川弘務守護霊　検察は今、ものすごく迷っているところですね。

大川紫央　ですから、何のために延長するんですか。

●〝五万円事件〟　本書 p.128 参照。

黒川弘務守護霊　安倍さんは、カルロス・ゴーンの逮捕《たいほ》とか、捜査とか、あんなのを挙げたけど、実際、レバノンで私が逮捕できるかといったら、かなり難しいので。

大川紫央　それは、ほかの人でもできると思うのですが。

黒川弘務守護霊　そうですし、別に、レバノン通でも何でもありませんから。

大川紫央　それを正直に霊言で言ってしまったとして、あなたとしては、それでよろしいのですか。

黒川弘務守護霊　まあ、元上司たちは、そういうことを言っているわけですけどね。

大川紫央　そうですよね。ほかの人でもできなければ、組織として仕事をしている意味もありませんし。

黒川弘務守護霊　本音は、だから、「政権の、森友《もりとも》から、あとほかにも抱《かか》えているやつに蓋《ふた》をしているだろう」ということで、本当は蓋を開《あ》けたい。

大川紫央　「桜を見る会」も、ホテルなどを全部捜査すれば、本当は逮捕できるのではないか、と。

黒川弘務守護霊　それは、人を替《か》えなければできないのか、今でもできるのか。このへんのところで。

まあ、安倍さんは、「自分の任期だけ、とにかく護ってくれればいい」と思っているんだと思うんです。その引き換《か》えだと思いますけどね。

大川紫央　やはり、それは〝恣意《しい》的な人事〟ですよね。

黒川弘務守護霊　まあ、見方によればね。

大川紫央　でも、それについて、国民はみんな、もう分かっているわけですよね。

黒川弘務守護霊　それが、だから、「安倍さんが追い込《こ》まれることはいいことなのか、悪いことなのか」っていうことは、別にまた、見方があるので。

大川紫央　ただ、今、コロナウィルスが来ているので、少し追及《ついきゅう》が弱まっていますけれども、もし、コロナがなかったら、今ごろはもう、けっこうなことになっていたと思います。

黒川弘務守護霊　コロナ対策についても意見が分かれていて、「後手《ごて》後手《ごて》に回った」っていう批判もあるし、「日本の死者の数がすごく少ないのは、行政がうまくやったんだ」という意見もあって。

霊言《れいげん》収録や記者会見をしたとして、伝えたいこととは

大川紫央　「幸福の科学を通して、安倍首相の擁護《ようご》をしたい」ということですか。

黒川弘務守護霊　擁護になるかどうかは分からないけど、何らかの記者会見は、本当は必要だとは思うので。

大川紫央　ご自分で記者会見をなさればいいのではないですか。

黒川弘務守護霊　それをなしに、元検事総長たちは、辞職させようとしているので。

大川紫央　地上のご本人がご自分でなさるべきですよね。これだけ世間《せけん》を賑《にぎ》わせているんですから。

黒川弘務守護霊　いや、役所だから、「前例がない」ということなので。

大川紫央　こちらが、それだけやらなければいけない理由は……。

黒川弘務守護霊　（約五秒間の沈黙《ちんもく》）いやあ、それは、もしね、七月に新任検事総長となって、まだ六十五歳《さい》か、六十八歳までやれるということになればね、それは、まあ、いいこともあるでしょうけどね。失脚《しっきゃく》する場合は、その説明ということですが。

大川紫央　しかも、検事長は個別に判断するんですよね。定年自体は、みんな引き上げられるということでしたでしょうか。

黒川弘務守護霊　あのね、「六十五歳までは全部引き上げる」ということになって。ただ、普通《ふつう》の場合は、六十三歳からあとはですね、肩書《かたがき》が付いている検事でも〝ヒラ検事〟になるんですよ。おたくも、そんなふうになっていると思うけど。
それ以外は、「内閣のほうが認めれば、役職のある検事として残れる」という、「一年ごとにそれを見る」っていうやり方で……。

大川紫央　そこを「内閣が見る」ということが、問題視されているのではないでしょうか。

黒川弘務守護霊　いや、いちおう、もともと行政機関のなかに入っているから、内閣が任命するので。認証官ではあるから、それは、新しくつくられた権限ではないんですよ。認証官ではあるから、別にもともと、そういう権限はあるんですけど。
まあ、これも疑っているからね、みんながね。

大川紫央　幸福実現党の五万円事件も、そういう政治家の指令を受けて、来たのではないんですか。

黒川弘務守護霊　うん。まあ、そう……見えるところはありますね。

大川紫央　しかも、マスコミ●がわざわざ張り込んでいましたので、「そう見える」ではなくて、それ以外、考えられないのですが……。

黒川弘務守護霊　うーん。まあ、〝下村《しもむら》の仕返し〟かもしれませんけどね。下村の落選を目指して運動したからね。

ただ、あれは「特捜部の仕事」ではありませんので。もうちょっと「下の仕事」ではあるのでね。

大川紫央　〝ちょっと下〟だけれども、トップから指令は伝わるわけですよね。

黒川弘務守護霊　うーん。まあ、特捜部がやるような〝あれ〟ではなかったんだけど、

●マスコミが……　2016年8月2日午前10時10分ごろ、幸福実現党本部に警視庁捜査二課の捜査員が立ち入る瞬間を、NHKがテレビカメラで撮影していた。また、同日13時には、朝日新聞がネットに記事を掲載している。

〝ジャブ〟なんでしょうね。

大川紫央　「脅《おど》し」ではないでしょうか。

黒川弘務守護霊　そうですね。

大川紫央　「これ以上、やってくるな」ということですよね。

黒川弘務守護霊　私は法務次官だったので、特に、それは指揮する権限はなかったので。

大川紫央　でも、●今回のコロナウィルスの天意として、「今の政治家たちも反省は迫《せま》られる」と言われていますから、どちらにせよ、いつか終わりは来ると思います。

●今回のコロナウィルスの天意……『中国発・新型コロナウィルス感染 霊査』『天照大神の御本心』(共に幸福の科学出版刊)等参照。

黒川弘務守護霊　まあ、森法務大臣は、何回も吊《つ》るし上げられると、論理は崩《くず》れるだろうと思います、たぶんね。

安倍さんのほうは嘘をつくのはうまいので、〝あれ〟していますけど。

2　検察庁「定年延長」問題への本音

黒川検事長の守護霊は安倍《あべ》首相をどう見ているか

大川紫央　でも、よく、〝芦部《あしべ》憲法〟を知らない人に仕えられますね。東大法学部を出ているのに……。

黒川弘務守護霊　いや、それがね、ほかの人と違《ちが》うから。ほかの人は、もうちょっと威張《いば》っているけど、私の場合は、ちょっと腰低《こしひく》く、揉《も》み手はできるんでね。

大川紫央　だから、向こうとしては使いたいんですね。

黒川弘務守護霊　そうそう。ほかの、ツンとしているやつは……。

大川紫央　そういうことを霊言《れいげん》で出してしまって、黒川さんとしては大丈夫《だいじょうぶ》なのでしょうか。

黒川弘務守護霊　「頭は、こっちのほうがいいんだぞ」と思っているような人は、使いたくはないので。「東大出でも、人柄《ひとがら》のいい、穏《おだ》やかで、仕えてくれそうな感じの」っていうのは、まあ、十人に一人ぐらいしかいませんから。

大川紫央　守護霊さんは、地上のご本人とは、どのくらい気持ちがリンクするのでしょうか。霊言を収録する場合、地上のご本人が、全然違うことを考えていたら、ややこしくなるのですが。

黒川弘務守護霊　まあ、辞《や》めても、記者会見はありませんので、「黙《だま》って切腹《せっぷく》するかどうか」ということです。

元上司たちは束になって、来週、辞めさせようとしていますけどね。

大川紫央　ご自分から辞任するつもりはないのですか。

黒川弘務守護霊　いや、首相官邸《かんてい》のほうが、「これが崩《くず》れたら、内閣も総辞職になるから、絶対に辞めるな」と言って、あちらからは圧力がかかっていますので。

大川紫央　そうなんですね。でも、それを公表すると、余計に潰《つぶ》れるかもしれません。

黒川弘務守護霊　うーん。でも、検察官の「本心」が明らかに出ることで、何か護られるものもあるじゃないですか。

ロッキード事件のときの検事総長をやった人たちとかは、首相とかの逮捕《たいほ》まであったけど、「やらないと、検察が二十年間、国民の信任を失うから、やらざるをえない」といって、やったんですけどね。

大川紫央　当会は今、映画もやっているんですよね。

黒川弘務守護霊　（約五秒間の沈黙《ちんもく》）まあ……、（霊言を収録しても）いいことは何もないですか。

大川紫央　緊急《きんきゅう》発刊をすると、お金も余計にかかりますし……。

黒川弘務守護霊　そうだね。〝儲《もう》からない〟ね。

ホリエモンや村上《むらかみ》みたいな目立った人は、みんな逮捕してきたからね。

目立つとね、今も、行政がね、一生懸命《いっしょうけんめい》、「集まるな」って言っているのに、宗教が機嫌《きげん》よくやると、狙《ねら》う……。

大川紫央　安倍《あべ》首相も怖《こわ》いですからね。恨《うら》みを買うと……。

黒川弘務守護霊　うーん。ちょっと、しつこいところはあります。

大川紫央　それに、「私的な感情」で動くのではないかと……。

黒川弘務守護霊　そうです。「公的な感情」は、ほとんどないと思いますよ。「私的な感情」だと思うんですよ。

奥《おく》さんを〝無罪〟にできた首相はいないでしょう、今までも。ほかの首相ではいないですよ。「あれは私人です」と言い切って逃《に》げたから。

大川紫央　今、国全体で、それほど法律に詳《くわ》しくない人まで、検察官の定年延長について言い始めているので。やはり、そういう安倍さんのやり方に、気づき始めているのだと思うんです。申し訳ないですけれども、この黒川さんの一連のことも含《ふく》めて。

黒川弘務守護霊　いや、安倍さん自身が、「法治主義」なんていうのは理解していない証拠《しょうこ》でしょうから。

だから、ヒットラーも例に出されるが、要するに、（ヒットラーは）絵描《えか》きさんですからね。絵描きさんが首相になったんで。ハハッ（笑）。

大川紫央　なるほど。あまり勉強していなくて、分かっていないことが多いと、余計に好き放題できるんですね。

黒川弘務守護霊　うん。だから、参謀《さんぼう》本部とかを無視して、その逆をやるのは、機嫌がよくてね、やれたでしょう？

絵描きさんが、だから、何と言うの？「自分が絵になるかどうか」とか、そういうのはよく分かったんだと思うんですよ。演出みたいなの？「こういうふうに演出すると、絵になって、国民がよく分かる」みたいな感じはあって、かっこよくやれたんだろうけど。

ただ、そういう、「参謀本部みたいなエリートたちが決めたことは、全部、逆をやる」っていうことはやったみたいだから。安倍さんも、そういう傾向《けいこう》は出ていますね。

この時期の公務員の定年延長は、国民からは不評だろう

大川紫央　ただ、こちらで霊言を収録しても、結局、国会で言っているようなことを、こちらの質問でも言ってしまうことにはなるかもしれませんけれどもね。

黒川弘務守護霊　ああ……。どうしたらいいと思います？　私。

大川紫央　かわいそうですけれども……。

黒川弘務守護霊　辞めたらいいの？

大川紫央　政治家たちの考えなのに、最後には、あなたまで〝悪者〟にされて終わっ

てしまいますよ。

黒川弘務守護霊　ええ。私の定年が延びたら、「国家公務員は、みんな六十五歳《さい》まで」というようにやろうとしてる。これはすごいよ（笑）。まあ、大勢の人にとっては〝福音《ふくいん》〟ですけどね。ただ……。

大川紫央　定年延長は、時代全体の流れから見たら分かりますし、公務員にとっては〝福音〟でしょうけれども、今、こんなに国に借金があるということで、増税されているのに、公務員にかかるお金が増えるのであれば、国民にとっては負担が増えるだけですものね。

黒川弘務守護霊　いや、それは分かるよ。ほかの公務員は喜んでくれるけど、まあ、国民からは、それは不評だろうなとは思う。私一人を上げるために、なんか、公務員みんなの定年が二年、五年延びるなんていうのは、ちょっとね。

まあ、「こんな時期にか」ということはね。国民のほうは今、バタバタ潰れているからね、会社が。

大川紫央　でも、「首相がやりたいようにやれるところが増えていく」ということは、やはり、どう考えても、もっと権力者になって、横暴なことをする基盤《きばん》をつくる以外に考えられないですからね。

黒川弘務守護霊　まあ、「少なくとも、来年までもたせるのに私が必要だ」と思ってはいるんでしょうけど。

大川紫央　でも、おそらく、来年もオリンピックは開けないでしょうから。そこで、失望されることになると思いますけれども。

安倍《あべ》総理が失脚《しっきゃく》すると、小池《こいけ》都知事が総理になる可能性がある

黒川弘務守護霊　だけど、（安倍《あべ》総理が）護《まも》られないと、動くと、小池《こいけ》が次、総理になってくる可能性があるので。あそこが失脚《しっきゃく》するとね。

大川紫央　まあ、そうですね。

黒川弘務守護霊　あちらが投げ出すと、小池さんが二階《にかい》派に入って、衆議院解散で、すぐに総理に上がってくる。コロナを使ってね。オリンピックで名前を売ろうとしていたのは、チャッと切り替《か》えてね、やると思うんですよ。

大川紫央　もう、どの政治家も嫌《いや》です。

黒川弘務守護霊　政治家って、みんなそういうところがあるけど。

ただね、（安倍首相は）これだけ長く、まあ、十年もしていないか、八年ぐらいやっているのかな？　これだけ長くやれたっていうのは、何か独特のね、あなたがたの〝好き〟な、「狐術《きつね》」じゃない、「狸術《たぬき》」を持っているのは、確実に何かそういうものは持っていますよ。人を丸め込《こ》む力を持っているから、この人は宗教を開けるかもしれない、もしかしたら。

大川紫央　日本神道《しんとう》の霊界《れいかい》の象徴《しょうちょう》的なリーダーの一人らしいですよ。神格《しんかく》は持っているようなのですけれども。

黒川弘務守護霊　いや、宗教を開けるかもしれません、もう本当に。結論を〝逆〟にできる人だから。

大川紫央　なるほど。

●試写会を……　本収録の当日、ニッショーホール（東京都港区）にて、映画「心霊喫茶『エクストラ』の秘密―The《ザ》 Real《リアル》 Exorcist《エクソシスト》―」（製作総指揮・原作 大川隆法、2020年5月15日公開）の公開記念特別試写会（舞台挨拶）が行われていた。

検察においては、元法務大臣を逮捕《たいほ》するのは大変なこと

大川紫央　では、霊言収録については少し考えます。

黒川弘務守護霊　もし、質問できる人がいるなら。まあ、すいません、ちょっとみなさんのスケジュールが、また違うかもしれないけど。いや、試写会をやったりして……。

大川紫央　こちらとしても、もう嫌なんです。問題に首を突《つ》っ込んで、被害《ひがい》を受けるだけというのは。

黒川弘務守護霊　うーん……。何もしないほうがよろしいですかねえ。どうかねえ。迷惑《めいわく》をかける可能性もあるとは思うけど、世間《せけん》は、これだけ、ＳＮＳとかでも、何百万人も……。

●ＳＮＳとかでも……　検察官の定年を引き上げる検察庁法の改正案に対する抗議や反対の声が、ツイッター上では、500 万件以上に上っていた（収録時点）。本書 p.33 参照。

だけど、そう言っている私の言葉は、本当はマスコミが聞きたいでしょう？　だけど、記者会見……。

大川紫央　でも、マスコミは、霊言集を買って読んでいませんし。

黒川弘務守護霊　霊言は、信用するも信用しないも五分五分だけど、意見としては、少し分かるところはあるかもしれないし。もし霊言だと信じなかったとしても、「大川隆法の考えかな」と思うかもしれませんけど。

大川紫央　いえ、大川隆法総裁先生の考えではありませんから。

黒川弘務守護霊　もし、私だけであれでしたら、森《もり》法務大臣とかもいるしね。

大川紫央　あの方は、安倍首相に言われたことをやっているだけのように見えますが。

黒川弘務守護霊　私たちだってね、今でも、前職の、前法務大臣をね、夫妻を逮捕するっていう……。

でも、これで世間が許すことはないんですよ。大変なことなんですけどね、いや、検察においては。元の法務大臣を逮捕するっていうのは。元の上司ですからね。

大川紫央　でも、あの人が法務大臣をしたと、みんな覚えていないのではないですか。

検察がマスコミに襲《おそ》いかかられて取材されるのは、前例がない

黒川弘務守護霊　いやあ、まあ、ニーズは、新聞とかを見ればいっぱいありますが、嫌ですかね。うーん。どっちに持っていってもよくないのか。

大川紫央　どちらに行っても、微妙《びみょう》ですよね。

黒川弘務守護霊　応援《おうえん》しても、それで支持してくれるのは、「月刊Hanada《ハナダ》」ぐらいですか。

大川紫央　応援しても、安倍首相が、もっとヒットラー化していくのは目に見えていますし、応援しなくても、小池百合子《ゆりこ》さんが出てくるでしょうし。どちらも独裁型……。

黒川弘務守護霊　はあ……（ため息）。（約五秒間の沈黙）（「ザ・リバティ」編集長の）小林早賢《こばやしそうけん》さんとかに、「聞いてみたいか」とかいうのを……。駄目《だめ》ですか。うーん……。でも、意見を全然発表しないで、これで過ぎ去ることができるかなあ。

大川紫央　地上のご本人が、ご自分でインタビューに答えてみる……。

黒川弘務守護霊　いや、そうしたら、いったん門を開いたら、もうあとは、ダーッと毎日になりますから。

検察も聖域だから、「検察のほうがマスコミに襲《おそ》いかかられて、取材される」っていうのが、ちょっと前例がないあれですからね。

大川紫央　こちらも、もう捜査《そうさ》されたくはありませんし。

黒川弘務守護霊　そうか……。何を言えば、おたくにはメリットがありますかね。

大川紫央　いえいえ、安倍首相を逮捕しないためだけのものに、加担もできませんし。

黒川弘務守護霊　「幸福の科学（幸福実現党）の五万円事件で強制捜査して、何億円も、森友払《もりともはら》い下げ事件で見逃《みのが》して、桜の会をやっても見逃して、それが検察として公正なのか」という立場でいけば、まあ、マスコミと……。

大川紫央　全然、公正ではないですよね。
　しかも、去年（二〇一九年）の選挙前に、宏洋《ひろし》氏の記事を月刊「Ｗ《ウ》ｉ《イ》Ｌ《ル》Ｌ」に載《の》せたことについても、自民党から言った可能性もありますしね。

黒川弘務守護霊　あるでしょうね。

大川紫央　そういう姑息《こそく》な手段を使う人たち……。

黒川弘務守護霊　ええ、やっています。それは、選対のね、一部の〝ゲリラ部隊〟は、そういうことをしますから、たぶん生贄《いけにえ》として幸福実現党を売ったでしょう。……と思いますよ。

大川紫央　普通《ふつう》に考えると、あのレベルのものが「Ｗ・ｉ・Ｌ・Ｌ」などに載るわけがないですから。

黒川弘務守護霊　うん。だから、おかしいですよね。売ったに違いないでしょうから。私もそう思います。

大川紫央　そういうことをやってくるところを、応援もしたくないですし。

黒川弘務守護霊　でも、もし辞めなければいけないものだったら……。

大川紫央　ただ、小池さんに首相になってもらいたいわけでもありませんので。

黒川弘務守護霊　だけど、今の自民党の幹部で、首相になれる人はいないですよ。

大川紫央　今の延長線上に、日本の未来はないと思います。

3　検察官としての考え方を語る

韓国《かんこく》では根深い問題となっている「検察改革」

黒川弘務守護霊　私にできることはないか……。私ね、ちょっとだけ人がいいんですよ。だから、何て言うか、「なでなで」「よいしょ、よいしょ」すると、こっちもやってしまうところがあるから。

大川紫央　もう少し「正義の観点」から問題を考えてみるとか。

黒川弘務守護霊　いやあ、もとがね、早稲田《わせだ》の商学部なので、どうしても商売気《け》が少しあるんですよ（著者注。未確認情報。学生時代の友人からの伝聞が影響《えいきょう》しているかもしれない）。

大川紫央　（笑）それは、早稲田とは関係ないですよね。〝芦部《あしべ》憲法〟を知らない人に使われて、人生が終わるんですよ？「何のために、東大へ行って勉強したのか」という感じにはなったりしないんですか。

黒川弘務守護霊　いやあ、人生そんなものですよ。それは、官房長官《かんぼうちょうかん》に仕えたって一緒《いっしょ》ですよ。

夜学ですから。夜学の方ですから、本当に。だから、彼らはもう、従来の慣例と勘《かん》だけでやっていますから。

ＯＢたちがみんな……、あんなのは前代未聞《ぜんだいみもん》ですから。

大川紫央　ただ、国民自体が、もう少しちゃんとした目を持つきっかけになるのは、よいことだと思いますけれどもね。騙《だま》されても、ずっと黙《だま》って見ている国民……。

黒川弘務守護霊　いやあ、いや、韓国《かんこく》とかは、こんなのが〝大政治問題〟でね？　検察庁を改革したくて、法務大臣を据《す》えて。それが、家族が逮捕《たいほ》されたりして、それを引きずり下ろすみたいな戦いをやっているからね。

検察を押《お》さえないと、歴代首相はみんな、あとで逮捕されるからね、あそこは。だから、あそこでは、もっともっと根深い問題ですけどね。

もし、私が、「森友《もりとも》も、桜を見る会も、それは安倍《あべ》さん、当然、逮捕・失職に値《あたい》します。自主的に辞《や》めてください」というのを言ったら、どうなります？

大川紫央　それは、安倍さんがあなたをクビにして、終わるだけだと思います。あなたがそう言ったということも、公表されずにですね。

黒川弘務守護霊　いやいや、霊言集《れいげんしゅう》で出たら、公表されちゃうんじゃないですか。

大川紫央　そうしたら、こちらが恨《うら》まれるだけですよ、あなたではなくて。こちらが、わざとそれを言ったということで、また何か意地悪《いじわる》をされる。

法治主義を知らない内閣の危険性

黒川弘務守護霊　はあ……（ため息）。（幸福実現党党首の）釈《しゃく》さんは（選挙に）通りませんかあ。

大川紫央　今の状況《じょうきょう》では、どうでしょうか。

黒川弘務守護霊　なかなか通らないですねえ。でも、マスコミが応援《おうえん》しないからね。検察じゃないですよ。マスコミが応援しないんでね。

大川紫央　うーん。

黒川弘務守護霊　いや、まあ、（幸福実現党の）事務所を捜索《そうさく》したときも、ＮＨＫと組んでねえ、朝日新聞とかもやって、ちゃんと取材させたところまで入っているから、それは〝設計した人〟がいるのは、そうだとは思いますけどね。

（約五秒間の沈黙《ちんもく》）はああ……（ため息）。安倍さんは、今、確かに〝手負《てお》いの猪《いのしし》〟みたいにはなっているから、危険は危険ですけど。

大川紫央　どちらにせよ、日本国民と政治家が選択《せんたく》して、決めていけばよいのではないでしょうか。

黒川弘務守護霊　だから、来週、あれですよ。国家公務員の担当大臣の責任追及《ついきゅう》のあとに、何か波乱を起こそうと、今、野党はしていますから。国家公務員の定年延長は通るだろうと思うんですけど、「検察官のほうをいじるのは反対」みたいな感じで、たぶん、なるとは思うんだけど。

大川紫央　そもそも、なぜ、消費税を増税した直後に、公務員の定年を延長するんですか。

黒川弘務守護霊　いや、それはもう、安倍さんは、そんなことは考えないよね。お金をばら撒《ま》いているので。公明党が言っただけで、十万円を撒くんですから。別に、誰《だれ》にでも……。

大川紫央　日本は、落ちるところまで落ちるしかないのかもしれないですね。

黒川弘務守護霊　うーん。

大川紫央　黒川さんは、別に自殺する必要はないと思いますけれども。

黒川弘務守護霊　いや、私はちょっと、たまたま何て言うか、〝前垂《まえだ》れ〟商法？　〝前垂れが似合う検察官〟だったっていうだけで、こういうふうになってしまったんだから。米屋とか、醤油《しょうゆ》屋とか、魚屋《さかな》ができるような〝前垂れができるタイプの検察官〟だったために、こうなってしまったんですが。彼らに合わせてやって、話ができるので。

大川紫央　あと、当会は、今、幸福の科学大学の審議《しんぎ》がなされていますしね。

黒川弘務守護霊　そうだねえ、そっちも、また危ないね。いやあ、だから、それはねえ、すべて、安倍内閣が法治主義を知らないし、憲法を知らないからです。まったく理解していないので。

大川紫央　でも、そういうことを言ったら、黒川さんも恨まれるし、結局、こちらもまた、「霊言で」と恨まれるだけではないでしょうか。

黒川弘務守護霊　うん、それはそうです。私はクビでしょうね。

大川紫央　黒川さんが「真っ当な人である」ということは、分かるかもしれないですけれども。

黒川弘務守護霊　まあ、商売気があるだけなんですけどね。

大川紫央　また、「霊言である」と理解されずに、「大川隆法が言っている」と思って、言ってくるかもしれませんし。

連休明けに、ＪＲの名誉《めいよ》会長が取締役《とりしまりやく》を退任した理由とは

黒川弘務守護霊　そういえば、ＪＲの名誉《めいよ》会長の葛西《かさい》さんも、取締役《とりしまりやく》から外れると書いてありましたね。

大川紫央　ああ、そうなんですね。

黒川弘務守護霊　たぶん、あれは、ＪＲが連休のときに「乗車率ゼロパーセント」をやらされたけど、これは大変なことですよね、これから来るのは。その責任を早めに取って、「退《ひ》いとけ」と言われたんだと思いますよ。

それは、文句《もんく》は言ったと思います。「それはないでしょう」というふうに思っていて、「半分とか、そういうふうにしよう」とか、なんか言ったと思いますよ。

大川紫央　なるほど。

黒川弘務守護霊　だけど、「ゼロパーセントにしろ」というようなあれで、自由席も、ああいうことで。それをマスコミの〝大戦果〟として発表していましたから。

大川紫央　基本的に、マスコミも政治家も、必ずしも、しっかりと法律や実際の経済等を勉強した人が入っているわけではないですよね。「タレント性がある」というような人が、表のアナウンサーをすることも多いですし、裏方の人たちも、法律系に詳《くわ》しい人が行くわけではないと思いますので。どうすべきかが分からないのかもしれません。

黒川弘務守護霊　これからJRの大赤字が発表されて、「公的資金、税金を幾《いく》ら投入するか」というのが出て、責任を取らされて辞めることになるから。だから、いち早く逃《に》げたんだと思いますけどね。責任を取らされないように。まあ……、それはそうなるでしょう。

で、また、「リニアの構想」も遅《おく》れるでしょう、おそらくはね。だけど、乗客を乗せないいんじゃあ、それは、黒字になるわけはないですからね。それは、税金で補えないですね。

「懺悔《ざんげ》するから、どうすべきかを答えてくれ」という気持ち

大川紫央　黒川さんは、大学時代、総裁先生とすごく親しかったわけではないんです

よね。

黒川弘務守護霊　まあ、それは、クラスは、語学のクラスと、法学部というのは一緒だったから。まあ、親しいっていうかどうかは知らないけど、私は尊敬はしてたけど。

大川紫央　先生から、友人のお一人として黒川さんのお話を伺《うかが》ったこともございますし、その黒川さんが窮地《きゅうち》なら、別に、うちでできることがあればさせていただいてもいいのですが。ただ、本当に「飛んで火に入る夏の虫」になるので。

黒川弘務守護霊　本当は、「懺悔《ざんげ》するから、宗教家として、どうすべきかを答えてくれ」っていう気持ちも、ないわけではないんですけどね。「おまえなら、どう言うんだ」っていう。

マスコミや野党やＯＢの意見は、もう分かっているし、あちらの内閣のほうの意見も分かっていますから。「どうしたらいいんだい？」っていう……。

安倍《あべ》首相のところまで家宅捜索《そうさく》をする可能性は

大川紫央　でも、この内閣をずっと続けていっても、小池《こいけ》都知事もそうですけれども、法治主義を理解していないのではないかと。

黒川弘務守護霊　だから、「カルロス・ゴーン逮捕のため」っていうのは、これは嘘《うそ》に決まってます。もう、これは分かってるでしょう。関係ないので。

大川紫央　そうしたやり方が、おそらく、みんなにバレてきているんですよね。

黒川弘務守護霊　だから、奥《おく》さん？　森《もり》さんの前任の法務大臣の奥さんのほうに（捜《そう》査《さ》が）入ったのと同じように、安倍《あべ》さんの奥さんの介入《かいにゅう》した案件とか、こんなのも全部開けて、家宅捜索《そうさく》して自宅まで入ってやるのが、テレビに流れるのがいいかどうかっていう判断になるから。これ、判断権者がもういないから。

か？

大川紫央　首相や、ほかの政治家の指示でやられているものもあるのではないです

黒川弘務守護霊　うーん。まあ、当然、法務大臣は指揮権を発動しなきゃいけないけど、あの法務大臣だと、潰《つぶ》されるのが普通《ふつう》ですよね。検事のほうが「みんなでやる」と言ったら、たぶん潰される。けど、「私なら何とかなるんでないか」と思われてるっていうことでしょう。

まあ、そういうことですよ。私なら、何とかなるんじゃないか。「六十八歳《さい》まで検事総長をやらないか」って言えば、何とかなるんじゃないかって（笑）、まあ、思われてるんでしょうね、たぶんね。

（約五秒間の沈黙）まあ、何を言っても正義にならないと思うのなら、もうしょうがないので。どうするかなあ……。

だから、上の、今の検事総長が、任期が二年あるんですよ。で、一年半で辞めてく

れなければ、私の検事総長はないので。

大川紫央　でも、黒川さん以外の人が検事総長になったとしたら、安倍首相のところを捜索するのでしょうか。

黒川弘務守護霊　可能性はある。

大川紫央　そうなんですか。

黒川弘務守護霊　うん。私以外の人を選んだ以上、その人は動かざるをえないでしょうね。

大川紫央　ああ、逆に、そうなるんですね。

黒川弘務守護霊　検事の総意としてはね、それ以外に存在意義がないわけですから。何もしないんだったら、私のままでいいので。

大川紫央　では、やはり、安倍首相たちが頑張《がんば》って、今回の事態を乗り切るしかないのではないでしょうか。国民を説得しなければいけないのは、安倍首相たちのほうでしょう。

黒川弘務守護霊　そうですねえ。マスコミが、まあ、攻《せ》めあぐねてはいるんでしょうけど。

だから、私に関しては、もう、「とにかく、日銀の地下金庫のなかにでも隠《かく》れているだろ」という感じですよ。「とにかく見つかるな」っていう（笑）。

大川紫央　この間は、「犬の散歩をしているところを、週刊誌に直撃《ちょくげき》された」と書かれていました（笑）。

黒川弘務守護霊　とにかくねえ、私を隔離《かくり》したくってね、みんな。最後はもう、「（新型コロナウィルスに）感染《かんせん》したため、隔離した」とかって言い出すかもしれない。まあ、とにかく会わせたくないでしょうね。

4 政治家の〝狸《たぬき》・狐学《きつねがく》〟を語る

政権は、幸福の科学がどう出るかを見ている？

大川紫央　ただ、やはり、私たちがお答えするのは無理ですので。

黒川弘務守護霊　無理ですかねえ。やっぱり、最初に思ったとおり、迷惑《めいわく》をかけると思ったから。

大川紫央　いえ、もう、どちらに転んでも微妙《びみょう》な問題なんですよ。

黒川弘務守護霊　うーん。

大川紫央　それなら、やはり、安倍《あべ》首相の使命ではないですけれども、今までいろいろやってきたんですから、安倍首相の力で乗り切れるなら乗り切ればいいし、乗り切れないのなら、もうそこまでということではないでしょうか。

黒川弘務守護霊　まあ、安倍さんのいちばんの敵が、今、「日刊ゲンダイ」になっているから。「日刊ゲンダイ」等では、私のことを「番犬《ばんけん》」とか……。

大川紫央　「ゲッベルス」とか。

黒川弘務守護霊　「ゲッベルス」「ヒムラー」「アイヒマン」とか、「腹黒川《はらくろかわ》」だとか言っているので。
だから、あちらのほうを支持する感じになっちゃって、変な感じですけどね。講談社系のほうの応援《おうえん》をする感じにはなりますけどね。

大川紫央　いえ、どちらに転んでも微妙なんですよね。

黒川弘務守護霊　まあ、●「W・iLL《ウィル》」に載《の》せたでしょう？　それから、「週刊文春」で、長男の記事を去年やって、さらに今度は本を出したでしょう？　絶対、それは裏で動いてますよ。あんなのは絶対やってるんですから。

大川紫央　彼の動画を観《み》たら、変なことは分かるので……。

黒川弘務守護霊　おかしいのは、みんな分かってるんだ。

大川紫央　おかしいことは分かっているのに、わざわざエビデンスも取らずに、かつ選挙前に記事に書いていること自体、やはり、そこに意図があると思わざるをえない。

黒川弘務守護霊　「なぜ、幸福の科学に、そういうことをしようとしているか」って

●「ＷｉＬＬ」に……　『「月刊WiLL」立林編集長リーディング』『「文春」の報道倫理を問う』（前掲）参照。

いうことを考えなきゃいけないんじゃないですか。

大川紫央　そうですね。潰《つぶ》しにかかってきているのは事実なんですよね。

黒川弘務守護霊　うん。だから、「本来の大川隆法から見れば、こういう意見を言うんじゃないかと思っている」ということでしょうねえ。

大川紫央　ああ、なるほど。

黒川弘務守護霊　前だって、●官房長官《かんぼうちょうかん》の守護霊の霊言《れいげん》までやってるのにね。あのくらいのことでね。こんなので言わないとおかしいもんね。黙《だま》っているのはおかしいから。まあ、〝ジャブ〟を効かせているつもりなんだろうとは思うけどね。

まあ、もちろん、大学も担保《たんぽ》に取られてるからねえ。つらいはつらい。そちらのほうから、また電話がかかってくるかもしれないけどね。

●官房長官の守護霊の霊言……『菅《すが》官房長官の守護霊に訊く　幸福実現党〝国策捜査〟の真相』（前掲）参照。

なぜ、東京や大阪《おおさか》で「緊急《きんきゅう》事態宣言」が解除されないのか

黒川弘務守護霊　まあ、いいや、私は迷惑をかけるから、いやあ……。どうするのが正しいのかが、私も判断ができかねて、ちょっと相談に来たようなもので。

私は何とか検察官として、自分の判断で行くつもりではいたんだけど。横槍《よこやり》があまりにも多すぎて、もう判断できなくはなってきたので。うーん、まあ……。

大川紫央　ただ、安倍首相のやり方に、みんな腹が立っていたのを我慢《がまん》していたんだけれども、最後に、この検察官の定年延長の問題をやり始めたために、「これはまずいのではないか」と思われているということも事実だと思うので。

黒川弘務守護霊　いやあ、また、コロナでごまかそうとしているから。

大川紫央　そうですね。「桜を見る会」のことも。

黒川弘務守護霊　「コロナ対策が、今、急務のため」って言って、これで、「締《し》め上げるのも解放するのも、どっちでもできるんだぞ」というのを、今、やっているんですよ。だから、解放しないでしょ？　「東京」とか「大阪《おおさか》」とか。

大川紫央　そうですね。

黒川弘務守護霊　こういう大事なところを解放しないのは、「どうだ。私が緊急《きんきゅう》事態を続けたら、おまえらは商売ができないんだぞ。どうだ？」って。「そうなったら、反対運動をするのか？　野党の肩《かた》を持つんだったら、そこは潰すぞ」って。まあ、こういうやつが、もうかかっているんですよ、完全に今、はっきり。

大川紫央　それは、最低なやり方ではないですか。

黒川弘務守護霊　それで、私はもうねえ、〝十字架《じゅうじか》〟に架かっているんですよ、すでに。

大川紫央　何か、もう、「運が悪い」としか言いようがないです。

黒川弘務守護霊　手も足もね、五寸釘《ごすんくぎ》で、もう打ってあるんで。あとは槍で突《つ》くかどうかだけなんですよ、もう本当に。

大川紫央　どうか自殺はしないでください。

黒川弘務守護霊　いや、それもありえますよ、もう行くところがないもの。

大川紫央　最後は、辞任すればいいではないですか。

黒川弘務守護霊　顔向けできないし、どこにも、もう……。

大川紫央　自殺するぐらいなら、最後は辞任して、逃《に》げてもいいのではないでしょうか。

黒川弘務守護霊　世間《せけん》にこれだけ名前を知られる検察官って珍《めずら》しいですからね。

大川紫央　別に、安倍首相のために殉職《じゅんしょく》する必要はないですよ。

黒川弘務守護霊　首相を逮捕《たいほ》した場合は有名になることがあるけど。だから、「日刊ゲンダイ」なんかは焚《た》きつけてるじゃない。逆襲《ぎゃくしゅう》で、「今後はもう、首相官邸《かんてい》を家宅捜索《そうさく》すればいい」と。虚《きょ》を衝《つ》かれて、逆襲をけしかけたりしてるんで。

安倍《あべ》首相を裏から操《あやつ》っている人物とは

大川紫央　韓国《かんこく》のような、法務大臣と検察と大統領の関係も、よいとは思わないんですけれども。

黒川弘務守護霊　でも、コロナで、今の文《ムン》大統領が、またね、〝大本営発表〟で、成果があがったように見せているんだろう？　安倍《あべ》さんも、それを使うつもりで、今いるからね、確実にね。

大川紫央　なるほど。小池百合子《こいけゆりこ》都知事も、法律などは無視してくるタイプの方のようにも見えます。

黒川弘務守護霊　あれはもう、直感だけで動いているから。けっこう怖《こわ》いよ、あれ、な？　すごい、なんかもう「排除《はいじょ》の原理」ですか、本当に。

大川紫央　そのような感じですね。

黒川弘務守護霊　すごいですから。「好き嫌《きら》い」でやるから。女だからね。

大川紫央　安倍首相と小池都知事なら、どちらのほうが怖いですか。独裁性があるのは、小池都知事でしょうか。

黒川弘務守護霊　うーん、いや、小池はね、今は、党内に基盤《きばん》がそんなにはないので。〝二階《にかい》の妖怪《ようかい》〟がねえ、まだ権力を持っている間に狙《ねら》っているだけで。

大川紫央　二階さんは、もう、引っ込《こ》んでいただいたほうがよいのではないでしょうか。

黒川弘務守護霊　まあ、だから、〝裏からいじる〟のが最高権力者なんですよ、日本の場合は。

大川紫央　やはり、〝妖怪〟ではないですか（笑）。

黒川弘務守護霊　表には出ないんですよ。

大川紫央　なるほど。

黒川弘務守護霊　表に出たら、もたないのを知っているから。だから、安倍は〝操《あやつ》り人形〟なんですよ、二階の。

大川紫央　ええ！　そうなんですか！

黒川弘務守護霊　そうですよ。

大川紫央　ええーっ！

黒川弘務守護霊　本当の権力者は二階のほうですから。

大川紫央　嫌《いや》です。

黒川弘務守護霊　〝操り人形〟なので。顔を立てて、外人と、外国の首相と会って。

大川紫央　それで、二階さんのほうが中国を引いてきて。

黒川弘務守護霊　それで、口でとにかく否定して、責任逃《のが》れする。これだけを使っているだけなんで。二階がやっているんで、政治は。

今、黒川検事長が辞任できない理由

大川紫央　すみません。ちょっと、では、また何か……。

黒川弘務守護霊　そっちを相談してください。私だけ言っても、むしろ迷惑がかかるかもしれないので。

大川紫央　もう三十分も話してしまいました。

黒川弘務守護霊　はい、はい。

まあ、これで、聞く必要があるかどうかの判断に使ってください。

大川紫央　いや、総合本部と判断するにしても、「やってください」としか言われないと思いますので。

黒川弘務守護霊　いや、今日でなくても、これは明日《あした》でもいいんですけど。まあ、あんまり夜中とかに〝襲《おそ》う〟と申し訳ないから、昼間に来ただけで。

大川紫央　はい。新聞で黒川さんの記事を読みましたから、通じてしまったのかもしれないですね。

黒川弘務守護霊　いや、もう、これから、ますますきつくなってくるから。ニュースとかは、もっときつくなってきますから。

大川紫央　でも、もう、ご自分たちで、「出た結果が運命だ」と思えばよいのではないでしょうか。

黒川弘務守護霊　「あれだけ個人名で出続ける」っていうのは、すごいですよね（笑）。

大川紫央　もう辞任すればよいのではないですか。

黒川弘務守護霊　はああ……（ため息）。辞任すると、「検察に不正があった」ということを認めることにはなる。

大川紫央　安倍首相が、「検事総長は、黒川さんになるかどうかは分からない」と言っているから……。

黒川弘務守護霊　安倍さんが辞《や》めるんだったら、それは、「安倍さんの判断とか企《たくら》みに問題があった」ということになるけどね。私が辞めるなら、「検察のほうに問題があった」ということになるから。

次々と潰《つぶ》されていく安倍《あべ》首相の後継者《こうけいしゃ》候補たち

大川紫央　前例主義でいくと、ここでこういうことが通ると、「これからもずっと、自民党の政治が、こういうことをやり続ける基盤ができる」ということですよね。

黒川弘務守護霊　裏は〝妖怪〟が動かしているから。二階の〝クビは取れない〟んですよ。

大川紫央　なるほど。

黒川弘務守護霊　うん。現職の、外側の人じゃない、党の人だから。で、公明党の十万円だって、そのまま二階が通して、あちらのは潰《つぶ》したでしょ。岸田《きしだ》の後継《こうけい》は潰したし。

大川紫央　でも、本当に後継する人がいないですね。

黒川弘務守護霊　で、小泉《こいずみ》に環境《かんきょう》大臣をやらせて、小泉の芽を潰しにかかっているし。

大川紫央　ちょっと中身が伴《ともな》っていない感じが、バレてしまっていますね。

黒川弘務守護霊　バレちゃってね。だから、まあ……、経済再生担当大臣なんかが出て、安倍《あべ》さんの代わりに、なんか一生懸命《いっしょうけんめい》に言っているような、責任を取らせようとしている感じですけどね。だから、まあ、両方……。

ちょっとあれですねえ、まあ、いずれにしても、（霊言が）出れば、私が辞めるきっかけにはなるかなとは思うけど。うーん、まあ、今度はね、辞めてもね、「退職金をもらうのはけしからん」「それは返せ」とか、絶対に言うよ。

大川紫央　ああ、なるほど。

黒川弘務守護霊　次は、それが来るから。「けしからん」って言って。

大川紫央　もう私は、火山が噴火《ふんか》して、新たにできている土地に行って、新しい国をつくってそこに住みたいぐらいです（笑）。

黒川弘務守護霊　まあ、幸福の科学にも迷惑がかかるかなあ。ごめんねえ。大川隆法先生は立派になられて、あと二十年もやられるんですかねえ。

大川紫央　はい。やらなければいけないですねえ。

黒川弘務守護霊　じゃあ、検察を〝飼いならしておく〟必要があるんじゃない？

大川紫央　検察がどちらになるかですよね。

黒川弘務守護霊　いやあ、検察は〝風見鶏《かざみどり》〟ですから。それは、国民の人気とかマスコミとか……。

大川紫央　国家の最高権力者たちがもっと権力を持ったら、もう、いろいろな機関を使い放題になりますからね。

このままでは、日本は独裁者を出していく国になる？

黒川弘務守護霊　まあ、すでに何度もやられているでしょ。攻撃《こうげき》を受けているはずですから。

だからね、国税も使えるし、検察も使えるし、警察も使えるし、マスコミまで。今はねえ、コロナで食事ができなくなっているけど（笑）、あんなのは、まあ、対策費で？　官邸の特別費で、マスコミの偉《えら》い人をね、会長とか社長とかを接待してね、それでやらせているんですよね。

大川紫央　でも、安倍首相のそういうところを見ても、国民が何も反応しないのであれば、次に小池さんが来たとしても、独裁者を出していく国になるのはしかたがないところはあります。

黒川弘務守護霊　まあ、いいです。じゃあ、いったん引きます。これ、言ったので。（映画の）「新聞記者」でも観たらいいんですよ。

大川紫央　余計にやるのが嫌になるじゃないですか。

黒川弘務守護霊　嫌になるかねえ。

大川紫央　そうですね。

黒川弘務守護霊　あれ、被害《ひがい》を受けましたっけ？

大川紫央　いや、内閣が一生懸命、週刊誌とかに何かをリークさせたりとか。

黒川弘務守護霊　あれ、（映画の結末は）どうなった……、記者は、辞めたんでしたっけ？

大川紫央　結局、官邸に握《にぎ》り潰されるんですよ、確か。

黒川弘務守護霊　干《ほ》されるんでしたっけ？　あれは。
そうか……。いや、そういう権力があるっていうことだよね？

大川紫央　そうですね。要は、そういうことです。

黒川弘務守護霊　だけど、あなたがたはまた……。でも、今はもう、そのへんまで来てはいるんですよ。

大川紫央　だから、一歩間違《まちが》えると、また〝地雷《じらい》を踏《ふ》む〟ことになるんでしょう?

黒川弘務守護霊　うん。それは、首相のクビを飛ばすぐらいの力は、持っていないわけではないんですよ、本当はね。

大川紫央　今、わざわざ、当会が何かやる必要があるかと言われると、別に、普通《ふつう》に国民と政治家で言論で戦えばいいと思うんですけれども。

5 幸福の科学をどう見ているか

幸福の科学からの“逆襲《ぎゃくしゅう》の本”は抑止力《よくしりょく》になっている

黒川弘務守護霊　はあぁ……。いやあ、まあ、恥《は》ずかしい話です。検察官が「正義とは何か」を問い合わせしているなんていうのは、恥ずかしい話だと思っています。

大川紫央　いえ、検察官は、やはり、「正義とは何か」を常に神に問いかけなければいけないと思いますので。

黒川弘務守護霊　悪を追及《ついきゅう》する立場で。まあ、裁判所は中立的判断をする立場ですから、「悪を見つけたら逃《のが》さない」っていうのが、検察の基本的な態度でなければいけないんですけどね。「悪を知っていて、見て見ぬふりをしていたら、国民の信任を失う」っていうのは、そうでしょうし。

大川紫央　「巨大《きょだい》な悪」は逃し、「小さな悪」ばかり……。

黒川弘務守護霊　押《お》さえていくのね。

大川紫央　それを隠《かく》すために押さえ込《こ》むような国の体制が、ずっと続くのもよろしくないと思います。

黒川弘務守護霊　釈《しゃく》党首が、菅官房長官《すがかんぼうちょうかん》に会ってね、「幸福実現党の家宅捜索《そうさく》に、私は全然関係していない」って否定していたんでしょ？　関係してるよ、ちゃんと。

大川紫央　〝狸《たぬき》〟ですよね。

黒川弘務守護霊　してるに決まってるじゃない。ちゃんと報告を受けているよ。うん。何するか分からない、ここは。幸福の科学はね。だけど、〝逆襲《ぎゃくしゅう》の本〟を出されたがために、あと、できなくはなっているよ。だから、あれは抑止力《よくしりょく》だな、いちおう。

大川紫央　ああ、なるほど。

黒川弘務守護霊　「そういうのを出されるんだったらば、できない」っていうのは。いちおう抑止力になって、あと、できなくなっているから。五万円で（逮捕《たいほ》）できるなら、もう何でもできるもん。全国の政治運動を調べててねえ、捕《つか》まえられないことなんて、ありえませんよ。どこでもできますし、罠《わな》もかけられるもの。最初から逮捕するつもりで。金を渡《わた》すのも、やらそうと思ったらできるものなので。

大川紫央　なるほど。そうですよね。

黒川弘務守護霊　間に人を介《かい》してやらせれば、潜入《せんにゅう》捜査官代わりにやれば、できるんですよ、そんなもの、いくらでも。みんな握《にぎ》り潰《つぶ》してくるんです、普通《ふつう》はね。

「大川隆法総裁の判断には、与党《よとう》も野党も注目している」

大川紫央　でも、日本は、安倍《あべ》首相が続いても続かなくても、小池《こいけ》さんが来ても、おそらく、もう終わりは来ますから。

黒川弘務守護霊　はあぁ……（ため息）。小泉進次郎《こいずみしんじろう》なんか、まったく判断ができないでしょうしねえ。本当はね。

大川紫央　そうですねえ。

黒川弘務守護霊　岸田《きしだ》さんだって、何にも判断しない、「待ちの政治」でしょうね。石破《いしば》さんはすっごく暗いから、本当に「不況《ふきょう》に弱い」でしょうね、あれは。

大川紫央　でも、それが国民の認識のレベルなのであれば、「正義」も分からないでしょうし、当会の言っていることも分からないでしょうし。

「宗教は悪いもの」という価値観から脱《だっ》せられないのであれば、どのみち善悪は分からない国民性につながっていくでしょうから、終わっていくしかないのかもしれません。

黒川弘務守護霊　安倍さんは、比較《ひかく》的、宗教に理解のあるほうではあったんだけどね。比較的ね。

大川紫央　宗教に理解のある人でも、今度は嫉妬心《しっとしん》になってきますから。

黒川弘務守護霊　そう。嫉妬心もあるし、大川隆法先生の判断がねえ、やっぱり……。いや、みんな、いちおう注目しているんですよ。最近、出している本がいっぱいあって、宣伝しているけど、与党《よとう》も野党も読んでいるのでね。いちおう影響《えいきょう》は受けているので。

だから、（今回のコロナ問題でも）「経済のほうが大事だ」っていうので、切り替《か》えがすごく早くなったのは、本が出ているのが関係あるとは思いますよ。

大川紫央　一緒《いっしょ》でしょう。神道《しんとう》の神々もそうかもしれませんけれども、幸福の科学が、自分たちを持ち上げてくれる教団になるのであれば応援《おうえん》するけれども、追い越《こ》していく気があるのなら、〝自分たちより偉《えら》い神〟ということになるのなら、嫉妬というか、追い落としはしたくなるでしょうしね。

黒川弘務守護霊　だから、あれでしょう？　〝菅《すが》派〟の、おたくの会員さんの代議士も、「次は辞《や》める」と言っているんでしょ？　「言っていることが通らないから」っていうんでしょ？　聞いてくれないからね。

大川紫央　「もう一回、三帰誓願《さんきせいがん》をし直したい」ということでしたので、葛藤《かっとう》はそうとうおありだったのではないかと思います。

黒川弘務守護霊　それは、「何が正しいか」ということを考えたんだろうと思うんですよ。長いものに巻かれるばっかりなんでね、たいていね。まあ、そういうことばっかり言うから。

『政治の悪』に対しては対決する」という態度は持つべき

黒川弘務守護霊　まあ……、いや、今回はこれで止めますので、もし、ニーズがありましたら、お声がけください。夜中に〝襲《おそ》ったり〟は、あまりしたくないので。ただ、私もちょっと切羽詰《せっぱつ》まっているので、これで八月まで逃《に》げ切るのは、今はまあ、五月で、八月まではちょっと厳しいことは厳しいので。

記者会見は、官邸《かんてい》からは許されないので、まあ……。

大川紫央　ああ、霊言《れいげん》をすれば、黒川さんのお人柄《ひとがら》というか、別に、安倍首相に心酔《しんすい》したり、イメージづけられているような安倍さんの単なる提灯《ちょうちん》持ちではないのは分かるということですね。

黒川弘務守護霊　まあ、それを出すことはできる。

だから、ニュアンス？　まあ、言い方は選ばなければいけないんだけど、言葉は。あまりダイレクトに言いすぎてもいけないけど、だいたいの、言葉が絡《から》んだ「どう考えているか」は、伝えることはできるという。

あと、これで失望している検察の人たちがね、「これが検事総長になるのか」と思って、がっかりしている人たちがいるので。検察が割れるのはあまりよくないことなので。

「『政治の悪』に対しては対決する」という態度は、持つべきだとは思うんですよ。ただ、私が辞めても、私に欲があって、何か取引したようにしか見えないだけですから、あまりよくないと思ってはいるんですけどね。

大川紫央　なるほど。分かりました。

黒川弘務守護霊　〝最後っ屁《ぺ》〟は出さないとね。〝最後っ屁〟して、辞めるなら辞めなければいけないけど。

「大川隆法総裁の意見を聞いてみたい」というのが本音

黒川弘務守護霊　だから、大川隆法総裁先生のご意見も伺《うかが》いたいとは思っていますけどね。どうなんだ？　やっぱり、安倍さんを護《まも》って、やったほうがいいのか。やっぱり、みんなが言うように、「法を曲げることで、検察の本懐《ほんかい》にもとることだから、いけないと思うべきだ」と、「辞めろ」というのか。

いやあ、大川隆法先生がどう言うのかも、私も聞いてみたいけどね、本当は。

大川紫央　自民党などの既存《きそん》の政治家が頼《たよ》りにならないので、わざわざ幸福実現党まで立党して、十年間、これだけ損失がたくさんあるなかで戦ってきているわけですけれどもね。

黒川弘務守護霊　〝罰金《ばっきん》〟をかけられてね。毎回でしょ？　〝罰金〟でしょ？

大川紫央　総裁先生としては、既存の政治家を見切られてはいるのですけれども。

黒川弘務守護霊　でも、「桜を見る会」なんかで、五千円でね、あんなのでやれるわけないじゃないいね。ホテルに泊《と》まってね。

大川紫央　本当に、なぜ、五千円であのクラスのホテルに夕食付きで泊まれるのかということですよね。

黒川弘務守護霊　ええ。泊まって、パーティーして、それで「桜を見る会」？　まあ、あんなのはありえないから。

これは、あなたがたの、「（選挙運動で）五万円をタレントに払《はら》った」とかいうようなので捕《つか》まえるのとは訳が違《ちが》うね。

大川紫央　桁《けた》が何個も違います。

黒川弘務守護霊　スケールが違うよ。金を幾《いく》らでも使えるんですよ。税金を使いまくっているんですよ。それで「赤字だ」と言って、増税をかけているんだから。まあ、「それに、本当に正義があるのか」という問題はあるから。それは、言ってくれれば、私だって本音は出ますよ。

だから、そんなに「定年延長」だけを目指しているわけではないから、もちろんね。

だけど、「お国のために役に立つほうにしたい」と思ってはいるけどね。

大川紫央　分かりました。考える材料として、黒川さんのお人柄、どういうお考えの方なのかということを霊言で提供できる可能性はあります。では、いったん終わります。

あとがき

流動する政治の世界の中で、検察官としての頂点に向かっている男の処世《しょせい》哲学は、一般に公開されることはなかろう。

私自身は、彼の検事としての能力とか、実績は十分に知っているわけではない。ただ、『官邸《かんてい》の守護神』と呼ばれるようになった男が、大いなる回心から検事を目指したことは知っている。

四十年後の彼は、はたして変質したのか。それとも大きく成長したのか。本書はその一端《いったん》を明らかにするだろう。

「出処進退《しゅっしょしんたい》」は男の美学である。進むことよりも、辞《や》めることが、はるかにたやすいと感じるなら、迷わずに耐え抜いて進むがよい。「黒川でなければできないという仕事はない。」というOBの言葉に、静かな闘志《とうし》が湧《わ》いてくるなら、自分を信じることも大切だろう。

二〇二〇年　五月十八日

幸福《こうふく》の科学《かがく》グループ創始者兼総裁《そうししゃけんそうさい》　大川隆法《おおかわりゅうほう》

『黒川弘務検事長の本心に迫る』関連書籍

『「月刊WiLL」立林編集長リーディング』（大川隆法 著　幸福の科学出版刊）

『「文春」の報道倫理を問う』（同右）

『中国発・新型コロナウィルス感染 霊査』（同右）

『天照大神の御本心』（同右）

『日銀総裁とのスピリチュアル対話』（大川隆法 著　幸福実現党刊）

『幸福実現党本部 家宅捜索の真相を探る
――エドガー・ケイシーによるスピリチュアル・リーディング――』（同右）

『菅官房長官の守護霊に訊く　幸福実現党〝国策捜査〟の真相』
（幸福の科学広報局 編　幸福の科学出版刊）

『直撃インタビュー 大川隆法総裁、宏洋問題に答える』
（幸福の科学総合本部 編　同右）

黒《くろ》川《かわ》弘《ひろ》務《む》検《けん》事《じ》長《ちょう》の本《ほん》心《しん》に迫《せま》る

――検察庁「定年延長」法案への見解――

2020年５月19日　初版第１刷

著　者　　大《おお》 川《かわ》 隆《りゅう》 法《ほう》

発行所　　幸福の科学出版株式会社

〒107-0052 東京都港区赤坂２丁目10番８号

TEL(03)5573-7700

https://www.irhpress.co.jp/

印刷・製本　株式会社 研文社

落丁・乱丁本はおとりかえいたします

ISBN978-4-8233-0186-5 C0030

カバー，帯 吉川 信之／アフロ

装丁・イラスト・写真（上記・パブリックドメインを除く）© 幸福の科学

大川隆法 霊言シリーズ・日本の現状と未来への指針

釈尊の未来予言

新型コロナ危機の今と、その先をどう読むか──。「アジアの光」と呼ばれた釈尊が、答えなき混沌の時代に、世界の進むべき道筋と人類の未来を指し示す。

1,400円

天照大神《あまてらすおおみかみ》の御本心《ごほんしん》

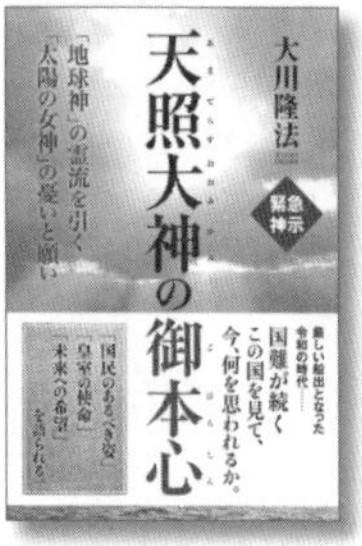

「地球神」の霊流を引く
「太陽の女神」の憂いと願い

「太陽の女神」天照大神による、コロナ・パンデミックとその後についての霊言。国難が続く令和における、国民のあるべき姿、日本の果たすべき役割とは？

1,400円

P．F．ドラッカー「未来社会の指針を語る」

時代が要請する「危機のリーダー」とは？ 世界恐慌も経験した「マネジメントの父」ドラッカーが語る、「日本再浮上への提言」と「世界を救う処方箋」。

1,500円

大恐慌時代を生き抜く知恵

松下幸之助の霊言

政府に頼らず、自分の力でサバイバルせよ！ 幾多の試練をくぐり抜けた経営の神様が、コロナ不況からあなたを護り、会社を護るための知恵を語る。

1,500円

※表示価格は本体価格（税別）です。

大川隆法ベストセラーズ・マスコミのあり方を検証する

嘘をつくなかれ。

嘘をついても、「因果の理法」はねじ曲げられない――。中国の国家レベルの嘘や、悪口産業と化すマスコミに警鐘を鳴らし、「知的正直さ」の価値を説く。

1,500円

「文春」の報道倫理を問う

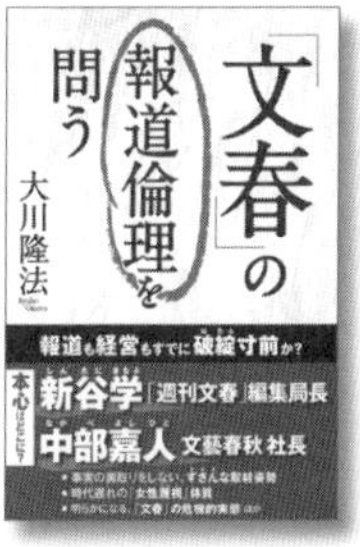

ずさんな取材体制、倫理観なき編集方針、女性蔑視体質など、文藝春秋の悪質な実態に迫った守護霊インタビュー。その正義なきジャーナリズムを斬る！

1,400円

「月刊 WiLL」立林編集長リーディング

参院選前後に、宏洋氏による虚偽の中傷記事を掲載した「月刊WiLL」。掲載の狙い、読者任せの事実認定、失われた保守系雑誌の気概、その実態を糺す。

1,400円

「報道ステーション」コメンテーター 後藤謙次 守護霊インタビュー 政局を読む

争点隠しや論点のすり替えに騙されるな！ 安倍政権、北朝鮮危機、消費増税、小池百合子氏などについて、テレビでは語れない問題点を鋭く分析。

1,400円

幸福の科学出版

大川隆法ベストセラーズ・政治のあるべき姿を示す

正義の法

憎しみを超えて、愛を取れ

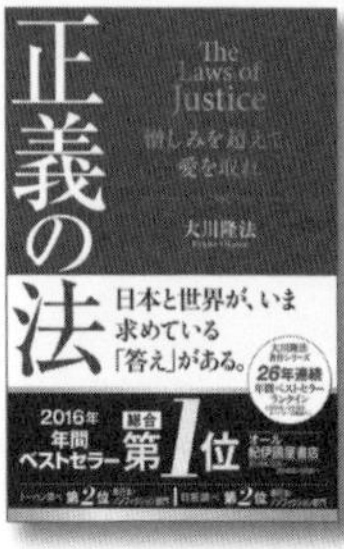

テロ事件、中東紛争、中国の軍拡──。どうすれば世界から争いがなくなるのか。あらゆる価値観の対立を超える「正義」とは何かを指し示す。

2,000円

新しき繁栄の時代へ

地球にゴールデン・エイジを実現せよ

アメリカとイランの対立、中国と香港・台湾の激突、地球温暖化問題、国家社会主義化する日本──。混沌化する国際情勢のなかで、世界のあるべき姿を示す。

1,500円

心と政治と宗教

あきらめない、幸福実現への挑戦

大川隆法　大川咲也加　共著

バラマキと増税、マスコミのローカル性、"政教分離教" など、幸福な未来を阻む問題に解決策を示す。政治や宗教に「心」が必要な理由が分かる対談本。

1,500円

君たちの民主主義は間違っていないか。

幸福実現党 立党10周年・令和元年記念対談

大川隆法　釈量子　共著

日本の民主主義は55点!? 消費増税のすり替え、大義なきバラマキ、空気に支配される国防政策など、岐路に立つ国政に斬り込むエキサイティングな対談!

1,500円

※表示価格は本体価格(税別)です。

大川隆法シリーズ・最新刊

ローマ教皇 フランシスコ守護霊の霊言

コロナ・パンデミックによるバチカンの苦悶を語る

世界で新型コロナ感染が猛威を振るうなか、バチカンの最高指導者の本心に迫る。救済力の限界への苦悩や、イエス・キリストとの見解の相違が明らかに。

1,400円

悪魔の嫌うこと

悪魔は現実に存在し、心の隙を狙ってくる！ 悪魔の嫌う3カ条、怨霊の実態、悪魔の正体の見破り方など、目に見えない脅威から身を護るための「悟りの書」。

1,600円

漏尽通力

現代的霊能力の極致

高度な霊能力の諸相について語った貴重な書を、秘蔵の講義を新規収録した上で新装復刻！ 神秘性と合理性を融合した「人間完成への道」がここにある。

1,700円

イエス・キリストは コロナ・パンデミックを こう考える

中国発の新型コロナウィルス感染がキリスト教国で拡大している理由とは？ 天上界のイエスが、世界的な猛威への見解と「真実の救済」とは何かを語る。

1,400円

モナコ国際映画祭2020
最優秀作品賞
（エンジェル・トロフィー賞）
モナコ国際映画祭2020
最優秀VFX賞
ヒューストン
国際映画祭2020
ゴールド賞
最優秀作品賞
最優秀助演女優賞
最優秀長編作品賞
最優秀オリジナルソング賞
最優秀脚本賞
最優秀ポスター賞
心の闇を、打ち破る。
心霊喫茶
「エクストラ」の秘密
—THE REAL EXORCIST—
製作総指揮・原作／大川隆法
千眼美子
伊良子未來 希島凛 日向丈 長谷川奈央 大浦龍宇一 芦川よしみ 折井あゆみ
監督／小田正鏡 脚本／大川咲也加 音楽／水澤有一 製作／幸福の科学出版 製作協力／ARI Production ニュースター・プロダクション
制作プロダクション／ジャンゴフィルム 配給／日活 配給協力／東京テアトル ©2020 IRH Press cafe-extra.jp
大ヒット上映中

幸福の科学グループのご案内

宗教、教育、政治、出版などの活動を通じて、地球的ユートピアの実現を目指しています。

幸福の科学

一九八六年に立宗。信仰の対象は、地球系霊団の最高大霊、主エル・カンターレ。世界百カ国以上の国々に信者を持ち、全人類救済という尊い使命のもと、信者は、「愛」と「悟り」と「ユートピア建設」の教えの実践、伝道に励んでいます。

（二〇二〇年五月現在）

愛

幸福の科学の「愛」とは、与える愛です。これは、仏教の慈悲《じひ》や布施《ふせ》の精神と同じことです。信者は、仏法真理をお伝えすることを通して、多くの方に幸福な人生を送っていただくための活動に励んでいます。

悟り

「悟り」とは、自らが仏の子であることを知るということです。教学《きょうがく》や精神統一によって心を磨き、智慧《ちえ》を得て悩みを解決すると共に、天使・菩薩《ぼさつ》の境地を目指し、より多くの人を救える力を身につけていきます。

ユートピア建設

私たち人間は、地上に理想世界を建設するという尊い使命を持って生まれてきています。社会の悪を押しとどめ、善を推し進めるために、信者はさまざまな活動に積極的に参加しています。

国内外の世界で貧困や災害、心の病で苦しんでいる人々に対しては、現地メンバーや支援団体と連携して、物心両面にわたり、あらゆる手段で手を差し伸べています。

年間約２万人の自殺者を減らすため、全国各地で街頭キャンペーンを展開しています。

公式サイト **www.withyou-hs.net**

ヘレン・ケラーを理想として活動する、ハンディキャップを持つ方とボランティアの会です。視聴覚障害者、肢体不自由な方々に仏法真理を学んでいただくための、さまざまなサポートをしています。

公式サイト **www.helen-hs.net**

入会のご案内

幸福の科学では、大川隆法総裁が説く仏法真理《ぶっぽうしんり》をもとに、「どうすれば幸福になれるのか、また、他の人を幸福にできるのか」を学び、実践しています。

入会

仏法真理を学んでみたい方へ

大川隆法総裁の教えを信じ、学ぼうとする方なら、どなたでも入会できます。入会された方には、『入会版「正心法語《しょうしんほうご》」』が授与されます。

ネット入会 入会ご希望の方はネットからも入会できます。
happy-science.jp/joinus

三帰《さんき》誓願《せいがん》

信仰をさらに深めたい方へ

仏弟子としてさらに信仰を深めたい方は、仏《ぶっ》・法《ぽう》・僧《そう》の三宝《さんぽう》への帰依を誓う「三帰誓願式」を受けることができます。三帰誓願者には、『仏説・正心法語』『祈願文《きがんもん》①』『祈願文②』『エル・カンターレへの祈り』が授与されます。

ハッピー・サイエンス・ユニバーシティ

Happy Science University

ハッピー・サイエンス・ユニバーシティとは

ハッピー・サイエンス・ユニバーシティ（HSU）は、大川隆法総裁が設立された「現代の松下村塾」であり、「日本発の本格私学」です。
建学の精神として「幸福の探究と新文明の創造」を掲げ、チャレンジ精神にあふれ、新時代を切り拓く人材の輩出を目指します。

人間幸福学部　経営成功学部　未来産業学部

HSU長生キャンパス TEL **0475-32-7770**
〒299-4325 千葉県長生郡長生村一松丙 4427-1

未来創造学部

HSU未来創造・東京キャンパス
TEL **03-3699-7707**
〒136-0076 東京都江東区南砂2-6-5

公式サイト **happy-science.university**

学校法人 幸福の科学学園

学校法人 幸福の科学学園は、幸福の科学の教育理念のもとにつくられた教育機関です。人間にとって最も大切な宗教教育の導入を通じて精神性を高めながら、ユートピア建設に貢献する人材輩出を目指しています。

幸福の科学学園
中学校・高等学校（那須本校）
2010年4月開校・栃木県那須郡（男女共学・全寮制）
TEL **0287-75-7777** 公式サイト **happy-science.ac.jp**

関西中学校・高等学校（関西校）
2013年4月開校・滋賀県大津市（男女共学・寮及び通学）
TEL **077-573-7774** 公式サイト **kansai.happy-science.ac.jp**

仏法真理塾「サクセスNo.1」

全国に本校・拠点・支部校を展開する、幸福の科学による信仰教育の機関です。小学生・中学生・高校生を対象に、信仰教育・徳育にウエイトを置きつつ、将来、社会人として活躍するための学力養成にも力を注いでいます。

TEL 03-5750-0751(東京本校)

エンゼルプランV TEL 03-5750-0757

幼少時からの心の教育を大切にして、信仰をベースにした幼児教育を行っています。

不登校児支援スクール「ネバー・マインド」 TEL 03-5750-1741

心の面からのアプローチを重視して、不登校の子供たちを支援しています。

ユー・アー・エンゼル!(あなたは天使!)運動

一般社団法人 ユー・アー・エンゼル TEL 03-6426-7797

障害児の不安や悩みに取り組み、ご両親を励まし、勇気づける、障害児支援のボランティア運動を展開しています。

NPO活動支援

いじめから子供を守ろうネットワーク

学校からのいじめ追放を目指し、さまざまな社会提言をしています。また、各地でのシンポジウムや学校への啓発ポスター掲示等に取り組む一般財団法人「いじめから子供を守ろうネットワーク」を支援しています。

公式サイト mamoro.org ブログ blog.mamoro.org

相談窓口 TEL.03-5544-8989

百歳まで生きる会

「百歳まで生きる会」は、生涯現役人生を掲げ、友達づくり、生きがいづくりをめざしている幸福の科学のシニア信者の集まりです。

シニア・プラン21

生涯反省で人生を再生・新生し、希望に満ちた生涯現役人生を生きる仏法真理道場です。定期的に開催される研修には、年齢を問わず、多くの方が参加しています。全世界212カ所(国内197カ所、海外15カ所)で開校中。

【東京校】TEL 03-6384-0778 FAX 03-6384-0779

メール senior-plan@kofuku-no-kagaku.or.jp

幸福実現党

幸福実現党 釈量子サイト　shaku-ryoko.net
Twitter　釈量子@shakuryokoで検索

内憂外患《ないゆうがいかん》の国難に立ち向かうべく、2009年5月に幸福実現党を立党しました。創立者である大川隆法党総裁の精神的指導のもと、宗教だけでは解決できない問題に取り組み、幸福を具体化するための力になっています。

党の機関紙
「幸福実現党NEWS」

幸福実現党　党員募集中

あなたも幸福を実現する政治に参画しませんか。

○幸福実現党の理念と綱領、政策に賛同する18歳以上の方なら、どなたでも参加いただけます。
○党費：正党員（年額5千円［学生 年額2千円］）、特別党員（年額10万円以上）、家族党員（年額2千円）
○党員資格は党費を入金された日から1年間です。
○正党員、特別党員の皆様には機関紙「幸福実現党NEWS（党員版）」（不定期発行）が送付されます。

＊申込書は、下記、幸福実現党公式サイトでダウンロードできます。
住所：〒107-0052　東京都港区赤坂2-10-8 6階 幸福実現党本部
TEL 03-6441-0754　FAX 03-6441-0764
公式サイト hr-party.jp

大川隆法　講演会のご案内

大川隆法総裁の講演会が全国各地で開催されています。講演のなかでは、毎回、「世界教師」としての立場から、幸福な人生を生きるための心の教えをはじめ、世界各地で起きている宗教対立、紛争、国際政治や経済といった時事問題に対する指針など、日本と世界がさらなる繁栄の未来を実現するための道筋が示されています。

2019年12月17日 さいたまスーパーアリーナ「新しき繁栄の時代へ」

2019年10月6日 ザ ウェスティン ハーバーキャッスル トロント(カナダ)「The Reason We Are Here」

2019年7月5日 福岡国際センター「人生に自信を持て」

2019年3月3日 グランド ハイアット 台北(台湾)「愛は憎しみを超えて」

2019年7月13日 ホテル イースト21 東京「幸福への論点」

講演会には、どなたでもご参加いただけます。
最新の講演会の開催情報はこちらへ。⟹

大川隆法総裁公式サイト
https://ryuho-okawa.org